Rosgartenmuseum Konstanz
Zeppelin Museum Friedrichshafen
Archiv der Luftschiffbau Zeppelin GmbH

LEBENSGESCHICHTEN EINER ADELSFAMILIE

Konstanzer Museumsjournal 2013

Mein Herzens-Ferdile,
Gerade auf der Stelle wo Dein herzlicher Kuss steht, da habe ich einen für Dich hingedrückt. Du kannst ihn mir wegnehmen! Und nun, wo soll ich in meiner Erzählung anfangen?

Die 20jährige Eugenie von Zeppelin im August 1856
von Schloss Castell an ihren 18jährigen Bruder Ferdinand,
der die Kriegsschule in Ludwigsburg besucht.

Tobias Engelsing
Jürgen Bleibler

Die Zeppelins

LEBENSGESCHICHTEN EINER ADELSFAMILIE

Erschienen anlässlich der Sonderausstellungen zum 175. Geburtstag des Grafen Ferdinand von Zeppelin im Rosgartenmuseum Konstanz (11. Juli bis 29. Dezember 2013) und im Zeppelin Museum Friedrichshafen (17. Mai bis 15. September 2013).

GEFÖRDERT DURCH:
Albrecht Graf von Brandenstein-Zeppelin
Dr. Constantin von Brandenstein-Zeppelin
Kurt und Jolanda Schmid-Andrist, Schloss Girsberg
Sparkasse Bodensee
Kanton Thurgau Lotteriefonds
Gesellschaft der Freunde und Förderer des Rosgartenmuseums e.V.
Stadt Konstanz
Stadt Kreuzlingen
Stadt Friedrichshafen
Schwarz Außenwerbung, Konstanz

IMPRESSUM
Herausgegeben vom Rosgartenmuseum Konstanz in Kooperation mit dem Zeppelin Museum Friedrichshafen GmbH und dem Archiv der Luftschiffbau Zeppelin GmbH
1. Auflage, Juni 2013
Autoren: Tobias Engelsing und Jürgen Bleibler
Gestaltung: bbv Siegrun Nuber, Konstanz
Abbildungen: s. Bildnachweis im Anhang
Druck: werk zwei Print+Medien Konstanz GmbH
ISBN 978 - 3 - 929768 - 32 - 9

INHALT

Tobias Engelsing: Die Zeppelins – Lebensgeschichten einer Adelsfamilie

Ein altes Familienbuch	9
Ein Bonaparte als Hochzeitsgast	11
Zwei arme Mecklenburger machen Karriere	15
Eine italienische Kanonenkugel streift Wilhelm	18
Abschied vom Fürstenhof	25
Kinderarbeit am Bodensee	27
Schweizer Netzwerke	33
Rückzug in die Thurgauer Idylle	40
Ein stolzer Württemberger	44
Erziehungsziel: „Nicht schüchtern, aber bescheiden"	51
„Revolutionäre Umtriebe" und der Graf	59
Pietismus und Mathematik: Schule im Elternhaus	61
Das langsame Sterben der Mutter	65
Als „Exzellenz" bei Hofe: Die Stuttgarter Jahre	66
Eugenie, das moralische Gewissen der Familie	73
Ferdinand: Aus der „Kriegsschule" in die Welt	83
Eine Schönheit aus Livland	93

Im Krieg 1870: „Mein Schatz wird jetzt ganz populär"	100
Nachwuchs im Hause Zeppelin	106
Berlin und ein Eklat	108
Wieder am Bodensee	111
Der Standesbewusste: Graf Eberhard von Zeppelin	118
Ein Luxushotel in Klostermauern	125
Nahe am Konkurs: Die Zeppelins in Nöten	130
Ein Doktorhut für den „Kahlkopf"	137
Zeppelins Erben	140

Jürgen Bleibler: Graf Zeppelin und die Idee vom Riesenluftschiff

Fluchten aus der Dienstroutine	151
Bürgerkrieg in Amerika: Beobachtungsballone und anderes Kriegsgerät	154
Der Krieg von 1870/71 und die Luftfahrttechnik	157
„Weltpost und Luftschiffahrt"	160
Die „La France" – Frankreichs Durchbruch	164
Ein Frührentner plant ein Riesenluftschiff	167
Der zweite Mann: Theodor Kober	170
2. Juli 1900: Der Tag der Entscheidung	174

Förderer & Mäzene	181
Mitarbeitende	181
Personenverzeichnis	183
Anmerkungen	192
Quellen und Literaturhinweise	194
Bildnachweis	195
Autoren	197

Die Zeppelins

LEBENSGESCHICHTEN
EINER
ADELSFAMILIE

Tobias Engelsing

EIN ALTES
Familienbuch

Ein Leben lang hatte Graf Friedrich von Zeppelin Korrespondenzen und Drucksachen aus seiner Familie gesammelt, in Schachteln gepackt und durch mehrere Umzüge gerettet: Erste Briefe seiner Kinder, Hochzeitsannoncen und Trauerkarten, Programmzettel von Theaterbesuchen, Fahrkarten der Bodensee-Dampfbootlinie, die sein Schwiegervater mit gegründet hatte, Autographen gekrönter Häupter, denen er begegnet war und Dutzende von Visitenkarten. Auch handschriftliche Notate aus dramatischen Momenten seines Lebens, letzte Worte verstorbener Freunde und selbst die Preisliste seines bevorzugten Zigarrenhändlers hatten die Jahrzehnte überdauert. Anfang der 1870er Jahre, Friedrich von Zeppelin war inzwischen 65 Jahre alt geworden, begann er, das riesige Konvolut dieser Lebensspuren zu ordnen. Ein Stuttgarter Buchbinder lieferte ihm zwei ledergebundene Folianten voller weißer Seiten. Mit Schere, Knochenleim und feiner Schreibfeder machte sich der Graf an die Arbeit, aus Hunderten von Zeugnissen eine Collage seiner Familiengeschichte zu schaffen. Aus diesem archivalischen Schatz können wir heute schöpfen, wenn wir über die Zeppelins erzählen wollen, denn auch spätere Generationen haben die beiden dicken Folianten aufbewahrt.

Als sich der alternde Graf damals an die Arbeit machte, war sein Haus gut bestellt: Tochter Eugenie hatte er mit dem nicht gerade wohlhabenden, aber treu sorgenden Wilhelm von Gemmingen, einem Richter am Landgericht Esslingen, gut verheiratet. Friedrichs ältester Sohn Ferdinand war Berufsoffizier geworden. Während des deutsch-französischen Krieges hatte er im Juli 1870 mit einem wagemutigen Erkundungsritt

Familiengeschichtliches und Spektakuläres sammelte Friedrich von Zeppelin in dicken Folianten, so etwa einen Tapetenfetzen (li.) aus dem Gefängnis der Königin Marie Antoinettes im Pariser Temple.

hinter den feindlichen Linien im Elsass reichsweit für Aufsehen gesorgt. Der jüngste Sohn, Eberhard, hatte Jura studiert und war dem diplomatischen Dienst seines Heimatlandes Württemberg beigetreten. Doch nach wenigen Jahren hatte er den Staatsdienst verlassen und war als Teilhaber in das Macaire'sche Bankhaus und in die familieneigene Baumwollfärberei in der alten Heimat Konstanz am Bodensee eingetreten.

An den Bodensee dachte „Fritz", wie Friedrich von Zeppelin in Familie und Freundeskreis genannt wurde, in diesen Wochen der Arbeit an der Familienchronik oft: Er hatte Konstanz und das geliebte Schlösschen Girsberg im schweizerischen Emmishofen mit seinen drei halbwüchsigen Kindern nach dem erschütternd frühen Tod seiner Frau Amélie 1852 fast fluchtartig verlassen und sich in Stuttgart niedergelassen, wo er von seinen Geschwistern und Freunden aus der Hofgesellschaft der württembergischen Residenzstadt umgeben war. Doch jeden Sommer war er zurückgekehrt an den Ort seines größten Lebensglücks. Am Bodensee hatten er und Amélie bis zu ihrer tödlichen Krankheit 17 unbeschwerte Jahre miteinander und mit ihren Kindern verbracht. Fritz genoss in späteren Jahren die Sommerwochen auf Girsberg und im behaglich am Ufer der Konstanzer Bucht gelegenen ehemaligen Klosterkomplex seines Schwagers Moritz Macaire. Doch die Erinnerung an Amélie blieb präsent. Immer wieder suchte Fritz von Zeppelin die Orte seiner Liebe auf: Eine alte Bank am See im Park der Schwiegereltern, dahinter eine Hainbuche. Von diesem Baum schnitt Fritz einen Zweig und heftete ihn in sein dickes Erinnerungsbuch. In alten Papieren stieß Fritz von Zeppelin sogar auf einen Stofffetzen vom Brautkleid, das seine Amélie 1834 getragen hatte. Selbst der Speisezettel, den sich die Köchin der Schwiegereltern damals für das große Hochzeitsmenü aufgeschrieben hatte, fand sich in den Unterlagen: Lammbrühe mit „Knödele" waren serviert worden, dann westfälischer Schinken, gefüllte Pastetchen, Göttinger Würste mit Sauerkraut, Rehschlegel und andere deftige Kost. Über 60 Gäste hatten die Schwiegereltern damals, am 27. November 1834, im alten Klosterrefektorium am Seeufer bewirtet.[1]

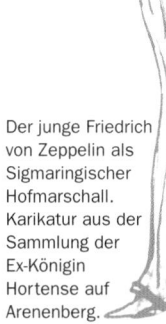

Der junge Friedrich von Zeppelin als Sigmaringischer Hofmarschall. Karikatur aus der Sammlung der Ex-Königin Hortense auf Arenenberg.

EIN
BONAPARTE
ALS
Hochzeitsgast

$\mathcal{D}$ie Schweizer Schwiegereltern, der Fabrikant und Bankier David Macaire und seine aus der St. Galler Handels- und Bankiersfamilie d'Hogguer (ursprünglich Högger) stammende Frau Coraly, hatten die Liebeshochzeit ihrer jüngeren, erst 17 Jahre alten Tochter Amélie mit dem 27jährigen Grafen aus einer geachteten protestantischen württembergischen Hofadelsfamilie sehr begrüßt. Der wohlhabende David Macaire mochte leicht darüber hinweg gesehen haben, dass der künftige Schwiegersohn kein Vermögen mit in die Ehe brachte. Es kam dem langjährigen Hausbankier von Napoleons Stieftochter Hortense de Beauharnais und ihres Bruders Eugène de Beauharnais vermutlich mehr auf die Verbindungen des jungen Mannes zu zahlreichen Adelsfamilien in ganz Europa an, als auf dessen aktuelle Kassenlage.

So bereiten David Macaire und seine Frau Coraly dem jungen Paar damals ein glanzvolles Fest: Alles, was am westlichen Bodensee Rang und Namen hatte, war zur Hochzeit eingeladen. Graf Alexander von Württemberg mit seiner Gattin

Textilfabrikant und Bankier David Macaire in französischer Hofuniform.

Seine Frau, Coraly Macaire, eine geborene d' Hogguer aus St. Gallen.

Hortense de Beauharnais, Stieftochter und Schwägerin Napoleons I., in großer Robe auf Schloss Arenenberg.

Abendgesellschaft auf Arenenberg. Die Macaires und die Zeppelins gehörten zum engeren Kreis des bonapartistischen Exilhofes.

Helena, die Familien von Reitzenstein und von Wolfskeel aus dem Stuttgarter Hofadel, badischer Adel der Region, die Schweizer von Merhart und von Tscharner und einige Vertreter des wirtschaftlichen Aufbruchs am Bodensee waren zu Diner und Tanz erschienen. Gekrönt wurde das Fest allerdings durch die Anwesenheit der Ex-Königin Hortense, die mit ihrem Sohn Prinz Louis Napoléon Bonaparte und mehreren Damen und Herren ihres Arenenberger Hofstaats durch den kalten Novembernebel nach Konstanz gefahren war. Louis Napoléon hatte kurz zuvor im schweizerischen Thun den Ehrenrang eines Bernischen Artilleriehauptmanns erhalten. Auf der Hochzeit der Zeppelins tanzte der Neffe des großen Napoleon erstmals in seiner neuen Schweizer Uniform. Vier Jahre später musste der ebenso ehrgeizige wie hitzköpfige Prinz seine Schweizer Heimat am Bodensee verlassen, nachdem ein missglückter Putsch gegen die französische Regierung von Straßburg aus die Schweizer Regierung in große politische Bedrängnis gebracht hatte. Doch auch nach seinem Wegzug ins englische Exil war die Verbindung zur Familie Macaire, deren Tochter Amélie und ihrem Mann Fritz von Zeppelin nicht abgerissen. In einem Brief an Amélie aus dem November 1838 bekundet der Thronanwärter der Familie Bonaparte

Madame!
Ich habe die Ehre, Ihnen durch den Überbringer zwei Flaschen des Bordeaux-Weins zukommen zu lassen, von dem Madame la Duchesse während ihrer Krankheit trank, aber es sind nur noch einige Flaschen übrig, ich habe davon auch noch in anderer Qualität, ungefähr dreißig Flaschen, aber ziemlich jung, und die Monsieur, Ihrem Mann, vielleicht nicht genehm sind.

Haushofmeister Rousseau von Schloss Arenenberg nach dem Tod seiner Herrin, Ex-Königin Hortense, an Coraly Macaire in Konstanz, 3. März 1839

seine Anhänglichkeit an die Menschen, in deren Mitte er seine Jugendjahre am Bodensee verbracht hatte. Es liege ihm sehr daran, schreibt Louis Napoléon an Amélie von Zeppelin, *„dass Sie wissen, wie sehr ich Ihre liebenswürdige Gesellschaft und die zärtliche Anhänglichkeit entbehre, die Herr und Frau Macaire mir immer bezeugt haben."* Von der jungen Ehefrau erwartet er genauen Bericht über das Leben im ehemaligen Dominikanerkloster, sie soll ihm Einzelheiten berichten über Verwandte, Freunde und Feinde: *„Denn glauben Sie mir, in Konstanz liebe ich alle – diejenigen, die mir Freundschaft bezeugt haben wie diejenigen, die mir gar nichts gezeigt haben; mit dem Unterschied freilich, dass ich die ersteren etwas lieber habe. Ich werde mich immer mit Rührung meiner Abfahrt von Konstanz erinnern. Wie oft am Tage muss ich seufzen, wenn ich an Arenenberg denke, an Konstanz und Gottlieben."* **2**

Als dieser Brief geschrieben wurde, war Louis Napoléons Mutter Hortense bereits ein Jahr tot und der kleine Exil-Hofstaat auf dem Arenenberg aufgelöst. Auch Schloss Gottlieben, das die Mutter ihrem Sohn in der Hoffnung auf eine Heirat mit dessen Cousine Mathilde Bonaparte erworben hatte, stand, gerade noch aufwändig modernisiert, verwaist am Seeufer. Vier Jahre später musste Louis Napoléon das Schloss aus Geldnot an die mit den Zeppelins befreundete württembergische Grafenfamilie von Beroldingen verkaufen. Die Ära der Bonapartes am Bodensee war vorüber. David Macaire blieb als Bankier noch einige Jahre bis zu seinem Tod 1845 für den jungen Chef des Hauses Bonaparte tätig. Im familiären Geschichtenfundus der Zeppelins lebten die Erinnerungen an den bonapartistischen Exilhof fort. Als Archivar seiner Familie verfolgte Fritz von Zeppelin das weitere politische Schicksal Louis Napoléons genau. Seine Chronik spiegelt den Aufstieg des Prinzen vom Putschisten zum Präsidenten der französischen Republik und letzten Kaiser der Franzosen bis zu seinem tiefen Fall nach der Schlacht von Sedan im deutsch-französischen Krieg 1870 wider. Diese innige Anteilnahme der Zeppelins am Schicksal der Bonapartes verweist auf weiter zurückliegende Wurzeln ihrer Beziehung.

Prinz Louis Napoléon Bonaparte in der Uniform eines Bernischen Artilleriehauptmanns. So trat er auf der Hochzeit von Fritz und Amélie von Zeppelin auf.

Ferdinand Ludwig von Zeppelin mit seiner Frau Pauline, geborene von Maucler, und den ersten beiden von sechs Kindern. Gemälde von Friedrich Philipp von Hetsch.

ZWEI ARME
Mecklenburger
MACHEN KARRIERE

𝓔nde des 18. Jahrhunderts trat ein mitteloser Sohn eines kinderreichen und verarmten mecklenburgischen Adelsgeschlechts erst 16jährig in den Dienst des österreichischen Dragoner-Regiments „Herzog von Württemberg". Chef des Regiments war Herzog Carl Eugen von Württemberg. Zwölf Jahre diente Ferdinand Ludwig von Zeppelin im Regiment, machte den Türkenkrieg mit, avancierte zum Rittmeister und wurde während des zweiten Koalitionskrieges Napoleons gegen Österreich in der Schlacht von Marengo im Sommer 1800 so schwer verwundet, dass er den militärischen Dienst nur noch eingeschränkt fortsetzen konnte. Einige Jahre vor Ferdinand Ludwig war bereits dessen älterer Bruder Johann Karl von Zeppelin in den Dienst der Württemberger eingetreten und dort rasch zum Vertrauten des Erbprinzen Friedrich von Württemberg aufgestiegen. In den Jahren bis zur Französischen Revolution hatte er seinen Dienstherrn auf ausgedehnten diplomatischen Reisen durch Deutschland, Frankreich und Russland begleitet. Eine erste erfolgreiche diplomatische Mission für das Haus Württemberg beim Kaiser brachte Johann Karl 1792 die Erhebung in den erblichen Reichsgrafenstand ein. Der regierende Herzog Friedrich Eugen betraute Zeppelin mit weiteren politischen Aufgaben und als der Herrscher 1797 plötzlich starb, machte sein Nachfolger, der bisherige Erbprinz und jetzige Herzog Friedrich seinen Vertrauten Zeppelin zum Ersten Staats- und Konferenzminister. In den Koalitionskriegen Frankreichs gegen seine europäischen Machtrivalen gelang es Minister Zeppelin, die Interessen seiner neuen Heimat glänzend zu vertreten: Durch den Reichsdeputationshauptschluss von 1803 strich das zuvor von Napoleon besiegte Württemberg als Ersatz für verloren gegangene linksrheinische Territorien etliche reichsstädtische, geistliche und gräfliche Gebiete ein und der Herzog wurde von Napoleons Gnaden zum König erhoben. Zeppelin erlebte diese nachwirkenden Erfolge seiner Diplomatie nicht mehr: 1801 erlag er nur 34jährig einer Typhuserkrankung.[3]

Der König ließ seinem engen Vertrauten in der Residenz Ludwigsburg eine imposante Grabstätte errichten, dann suchte er nach Ersatz: Johann Karls Bruder Ferdinand Ludwig von Zeppelin wechselte in den Hofdienst des Herzogs und auch er stieg in einer Blitzkarriere von nachgeordneten Ämtern in höchste Positionen auf. Der jüngere Zeppelin wurde Reisemarschall des Herzogs und späteren

Königs, 1806 in den erblichen Grafenstand des Königreichs erhoben und 1807 als außerordentlicher Bevollmächtigter an den Hof des Kaisers Napoleon I. entsandt. Der Neu-Schwabe muss seine Sache gut gemacht haben: Drei Jahre lang genoss Zeppelin die besondere Wertschätzung des Kaisers. Das lag neben seinen politischen Begabungen auch an den Gaben seiner Frau: Pauline von Zeppelin war eine gebildete Dame, die mit bedeutenden Persönlichkeiten ihrer Zeit korrespondierte und so viel diplomatische Klugheit besaß, dass sie den unberechenbaren Korsen für sich einzunehmen verstand. Als geborene Freiin von Maucler hatte sie selbst französische Wurzeln: Ihre Familie stammte aus Étupes in der Grafschaft Mömpelgard und war während der Jakobinerherrschaft aus Frankreich nach Württemberg geflohen. Mehrere Mitglieder der Familie erreichten dort hohe Staats- und Hofämter. Paulines Bruder Eugen von Maucler war ab 1816 Hofkammerpräsident und ab 1831 württembergischer Justizminister.

Nach Württemberg zurückgerufen, wurde Ferdinand Ludwig von Zeppelin 1812 Außenminister. In den Jahren bis zum Wiener Kongress nach dem endgültigen Scheitern Napoleons I. verfolgte Zeppelin eine allmähliche Lösung seines Landes aus der engen Koalition mit dem Frankreich Bonapartes. So gelang ihm das diplomatische Kunststück, Württemberg noch vor dem Fall Napoleons aus

Der einstige Zuwanderer Ferdinand Ludwig von Zeppelin verpflichtet seinen Sohn Friedrich mit diesem Geburtstagsbrief zu Gehorsam, Fleiß und zur Einhaltung der guten Sitten. Um 1820.

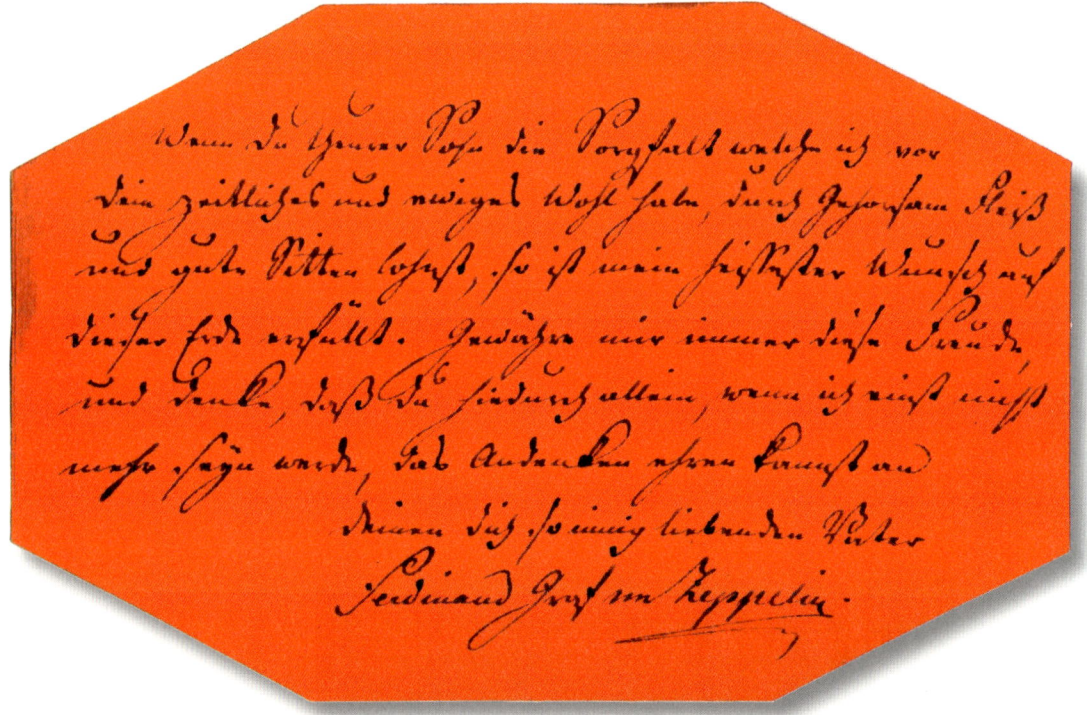

Drei Meilen vor der Stadt brach die Achse des Hinterrads auf meiner Seite und wir wurden in den Graben geworfen. Gott sei gelobt! – mir ist kein schlimmeres Unglück zugestoßen als nur eine kleine Abschürfung am Kopf und eine kleine Quetschung an der rechten Hüfte, aber das hinderte mich nicht, eine Meile zu Fuß zu gehen, um die Post zu erreichen.

Der württembergische Außenminister Ferdinand Ludwig von Zeppelin (1772 – 1829) an seine Frau Pauline nach einem Kutschenunfall kurz vor München im Oktober 1826

dem napoleonischen Rheinbund zu lösen und über einen 1813 mit dem Fürsten Metternich ausgehandelten Vertrag rechtzeitig ins Lager der künftigen „Heiligen Allianz" der Sieger über Napoleon zu führen. Nach seinem Rückzug aus den Staatsämtern 1816 lebte Zeppelin mit seiner Familie auf einem Gut bei Cannstatt, wurde aber 1826 von König Wilhelm I. noch einmal reaktiviert und als außerordentlicher Gesandter zur Verhandlung einer Zolleinigung nach Wien geschickt, deren Regelungen später auch in die Statuten des Deutschen Zollvereins einflossen.

Der erfolgreiche Aufsteiger aus Mecklenburg hatte am eigenen Lebensweg erfahren, wie wichtig Weltläufigkeit, Sprachkompetenz, kulturelle Bildung und höchste Förderung waren, wenn ein Zugezogener im monarchisch-konstitutionell regierten Staat erfolgreich sein wollte. Zwar waren die Standesschranken zwischen zugezogenem Dienstadel und alteingesessenem Landadel in Württemberg im frühen 19. Jahrhundert viel durchlässiger als etwa in Preußen. Doch Verbindungen der Familie einerseits und individuelle Begabung und Bildung andererseits spielten eine bedeutende Rolle beim gesellschaftlichen und beruflichen Aufstieg.[4] Die Kinder der Zeppelins sprachen fließend Französisch, spielten ein Musikinstrument und hatten soliden Schulunterricht genossen, Werke der Weltliteratur kennen gelernt und waren schon als Kinder zu Theateraufführungen und in Konzerte mitgenommen worden. Einige der Geschwister spielten als Jugendliche sogar in Liebhaber-Aufführungen des württembergischen Hofs mit. Alte Theaterzettel weisen Fritz und Catharina von Zeppelin und den Cousin Emil von Maucler als Mitwirkende in den Schwänken „Le Château de ma Nièce" und „L'Oncle d'Amérique" aus.[5]

EINE ITALIENISCHE *Kanonenkugel* STREIFT WILHELM

Gemeinsam mit seiner Frau Pauline setzte Ferdinand Ludwig von Zeppelin das in drei Jahrzehnten geknüpfte, von Wien bis St. Petersburg, Paris und Berlin, nach Italien und in die Schweiz weit gespannte Netzwerk ein, um der zweiten Generation der württembergischen Zeppelins einen guten Start zu ermöglichen: Die Töchter Mathilde, Maria und Catharina wurden, gemäß dem Frauenbild der Zeit, frühzeitig an gesellschaftlich hochrangige und wohlhabende Adelige aus der Schweiz und aus Frankreich verheiratet. Den jüngeren Sohn Ferdinand Wilhelm brachte der Vater im württembergischen Hofdienst unter. Dort stieg der eher mittelmäßig Begabte im Laufe der Jahre immerhin zum Obersthofmeister der Königin Olga auf. Der jüngste Sohn, Wilhelm Paul, sollte einem durchaus modernen bürgerlichen Bildungsideal folgend Jurist werden, um eine Karriere im Staatsdienst antreten zu können. Doch Wilhelm, der das staatliche Gymnasium erfolgreich absolviert hatte, entwickelte sich zum Sorgenkind der Eltern: Als notorischer Spieler und ohne nennenswerten Ehrgeiz scheiterte er am Ende eines langen Tübinger Jurastudiums. Statt das Staatsexamen abzulegen, floh der verkrachte Sohn in fremde Militärdienste. Weit unter seinem gräflichen Stand trat der inzwischen Mittellose in ein einfaches österreichisches Infanterieregiment ein. Während des Freiheitskampfes der Italiener gegen die österreichische Fremdherrschaft wurde Wilhelm im Jahr 1849 bei Brescia durch eine nahe an seinem Gesicht vorbeifliegende Kanonenkugel so schwer verletzt, dass er erblindete. Während seiner immerhin 61 restlichen Lebensjahre als blinder Kriegsveteran wurde er durch monatliche Zuschüsse seiner fünf Geschwister unterhalten, denen auch aus Prestigegründen daran gelegen war, dem Bruder ein standesgemäßes Leben zu ermöglichen. Bei den Kindern und Enkeln der Geschwister galt Wilhelm als lieber Onkel und Familienoriginal. 1858 hatte er zur Überraschung aller die Tochter eines englischen Earls geheiratet. Kam er zu Besuch, staunten die

Der blinde Onkel Wilhelm von Zeppelin.

Schloss Sigmaringen, Regierungssitz eines winzigen Fürstentums.

Kinder über die gute Orientierung des Blinden in geschlossenen Räumen, bewunderten, wie geschickt er sich eine Zigarre anzünden konnte und lauschten gebannt seinen Kriegsgeschichten.[6]

Die Bildungsbemühungen von Vater und Mutter scheinen beim ältesten Sohn Fritz auf besonders günstigen Boden gefallen zu sein. Er absolvierte gemeinsam mit einigen anderen Adelssöhnen das öffentliche Gymnasium in Ludwigsburg. Als kleiner Junge hatte er das besondere Klima am französischen Kaiserhof erlebt und dort seinen ersten Privatunterricht bei einem evangelischen Pfarrer an der „Église des Bilettes" genossen. Nach dem Abitur nahm er das Studium der Rechts- und Staatswissenschaften in Tübingen auf, hörte Rechtsgeschichte, Römisches Recht, Nationalökonomie, Staatsrecht, Strafrecht und Politik und trat einem studentischen Corps bei. In den Familienpapieren ist das Manuskript einer „Abschiedsrede" erhalten, die Fritz nach dem Sommersemester 1825 vor seinen Kommilitonen über das Thema *„Die Höherentwicklung der Völker in der Schule der Sittlichkeit, des Rechts, der Religion"* gehalten hat. In guter spätaufklärerischer Tradition appelliert der 18jährige Graf an die Studenten, ihren *„Geist durch die Wissenschaft zu bilden"*. Im Wintersemester 1827 besuchte er Vorlesungen an der Universität Göttingen. Nebenbei lernte Fritz so intensiv Latein, dass er in der Lage war, seinem Vater Geburtstagsbriefe auf Latein zu schreiben.[7] Im Sommer 1830 besuchte Fritz Paris und erlebte als Zaungast die Ereignisse der Juli-Revolution mit. Als notorischer Sammler brach er einen Zweig von einer Libanon-Zeder aus einem der Parks, die Schauplatz der revolutionären Ereignisse gewesen waren.

Mabella Knox, englische Ehefrau des blinden Wilhelm von Zeppelin, mit ihren Kindern.

Nach 1830 scheint Fritz sein Studium nicht mehr fortgesetzt zu haben. Vermutlich hatte er altadeliger Tradition folgend ein abgekürztes Kavaliersstudium ohne Examen absolviert. Sein Vater war 1829 nur 56jährig überraschend in Wien gestorben. Nun galt es, für Fritz eine erste berufliche Stellung zu finden und seine Versorgung sicherzustellen. Sein erstes Amt sollte ihn in das auf der schwäbischen Alb gelegene, nur 20.000 Einwohner zählende Fürstentum Hohenzollern-Hechingen führen. Die Fürstin des Nachbarstaats Hohenzollern-Sigmaringen, Amalie Zephyrine, unterhielt enge Verbindungen zum napoleonischen Hof. Ihr war es gelungen, die Mediatisierung der beiden Mini-Fürstentümer durch Napoleon zu verhindern. Als 1806 der Rheinbund gegründet wurde, konnten sich beide Länder sogar noch einige geistliche Territorien einverleiben. Erst nach der Revolution von 1848/49 dankten die Fürsten der Fürstentümer Hohenzollern-Sigmaringen und Hohenzollern-Hechingen ab. Die beiden Duodezfürstentümer wurden Preußen, dem Sitz der Hauptlinie der Hohenzollern, zugeschlagen.

Fritz von Zeppelin übernahm, vermutlich durch familiäre Vermittlung, in Hechingen das mit 540 Gulden und einigen Naturalleistungen nur mäßig dotierte Amt des Hofmarschalls. Er übte diese Funktion einige Jahre aus, bevor er in gleicher Position und mit 1000 Gulden Jahresgehalt besser besoldet an den Nachbarhof in Sigmaringen wechselte. Zu seinen Aufgaben gehörte auf beiden Positionen der Alltagsbetrieb des Schlosses, vom Einkauf der Küche über das Wechseln der Bettwäsche bis zur Aufsicht über die Dienstboten. Auch die korrekte Einhaltung des höfischen Zeremoniells, etwa bei Banketten und Empfängen, oblag ihm. Aus der späteren Warte des Jahres 1843 hat Amélie die Hoftätigkeit ihres späteren Mannes im Brief an ihre Schwägerin milde ironisierend beschrieben: *„Mein Mann war damals Obersthofmarschall des Fürsten zu Hohenzollern-Sigmaringen, eines mächtigen Herrn über ein Land, in dem, wie in den meisten anderen, auch ein Blatt erscheint mit den Landtagsverhandlungen, und das eine Armee hält, die zu meiner Zeit von einem ‚majorisierenden' Oberstleutnant befehligt wurde... Mein Mann trug bei Zeremonien eine Uniform mit goldenen Epauletten und in der Hand einen schwarzen Stab mit silbernem Knopf."* **8**

Die Fürsten Anton Aloys und sein Nachfolger Karl pflegten familiäre Kontakte zum napoleonischen Exilhof am Schweizer Bodenseeufer. Schon bald nach seinem Dienstantritt begleitete der 26jährige Hofmarschall Graf Zeppelin das Fürstenpaar zu einem Besuch auf Schloss Arenenberg und zu den benachbarten

Schlössern Wolfsberg und Hard. Auf dem Wolfsberg hatte der napoleonische Haudegen Charles Parquin eine Nobelherberge für bonapartistische Touristen eröffnet, auf Schloss Hard residierte der frühere britische Kolonialoffizier Lindsay mit seiner schönen kreolischen Gattin Mina. Zeppelin notierte nach dem Besuch, wen er kennen gelernt hatte: Neben dem Hofstaat von Hortense und ihrem Dunstkreis aus Bewunderern und Schmeichlern war er in Konstanz dem im Jahr zuvor gewählten, erst 26 Jahre alten liberalen Bürgermeister Carl Hüetlin, dem Pfarrer der kleinen evangelischen Gemeinde, Julius Partenheimer, und einigen höheren badischen Staatsbeamten vorgestellt worden.

Von Arenenberg, Hüetlin und dem evangelischen Pfarrer Partenheimer war der Weg nicht weit zu den Macaires, deren Hauspfarrer Partenheimer war. Vermutlich lernte der junge Sigmaringische Hofbeamte die Mitglieder dieser französisch sprechenden Schweizer Fabrikantenfamilie während eines Empfangs kennen. Stellte der Baumwollfabrikant und Bankier David Macaire den in der Stadt herumgereichten liebenswürdigen jungen Adeligen Zeppelin sogleich seinen beiden ledigen Töchtern Amélie und Henriette vor? Zeitgenössische Quellen hierzu sind spärlich. Dass Friedrich von Zeppelin beide Töchter getroffen und auch der jüngeren Macaire-Tochter gefallen hatte, belegt ein giftsüßer Brief der 16jährigen Henriette: Knapp einen Monat vor der Hochzeit ihrer Schwester mit dem Grafen schrieb sie dem in Sigmaringen sitzenden Bräutigam von einem angeblichen Flirt ihrer Schwester Amélie mit einem jungen Russen und empfahl sich noch einmal als die treuere Seele.⁹

Schloss Vufflens am Genfer See, neue Heimat der jüngeren Macaire-Tochter Henriette. (Bild oben)

Gräfin Amélie von Zeppelin, geborene Macaire. Die Mutter des späteren Luftschiff-Erbauers wurde nur 36 Jahre alt.

Doch Fritz von Zeppelin hatte sich längst für Amélie entschieden. Zwischen dem ersten Treffen und der Hochzeit liegt nur etwas mehr als ein Jahr. Kurz nach dieser ersten Begegnung trafen die beiden jungen Menschen in Sigmaringen wieder aufeinander. Dort verewigte sich Amélie im Poesiebuch des jungen Hofmarschalls. Nicht lange danach muss er bei Vater Macaire um ihre Hand angehalten haben. Wie aus der Begegnung Verliebtheit geworden war, darüber gibt ein neun Jahre nach der Heirat entstandenes Selbstportrait Auskunft. In einem Brief an ihre künftige Schwägerin Anna von Zeppelin, geborene von Planta-Reichenau, schreibt die als Kind etwas kränklich gewesene Amélie von Zeppelin: *„Nun, dachte ich, ich will als 'Mädchen froh genießen, was dem Kinde nicht vergönnt' war, ich will wie der Schmetterling den Honig holen aus dem 'Kelche all der Freuden, die mir wie Blumen am Wege stehn.' Aber eben als ich die Flügel lustig ausgebreitet, mußte ich sie wieder sinken lassen. Fritz war vor mir gestanden…., na, du hast's ja selbst erfahren, wie gefährlich die ehrlichen Augen dieser Zeppeliner sind."* [10]

Die Verbindung der beiden war eine Liebesheirat, damals noch keineswegs die Regel in adelig-bürgerlichen Oberschichten. Wenige Tage nach der Hochzeit im November 1834 schrieb Coraly Macaire an ihren Schwiegersohn: *„Nun also, mein lieber Fritz, ist unsere Amélie ganz bereit, zu Ihnen zu kommen. (...) Ich bin beruhigt, ich sehe, ich fühle, daß sie völlig glücklich ist und daß keine junge Frau ihr Elternhaus fröhlicher oder mit weniger Bedauern verlassen kann und soll. Ich nehme diese Überzeugung als mächtigste aller Tröstungen."* **11**

Mein ganzer Mut ist erschöpft und ich fühle mein Herz zerrissen und trotzdem, mein lieber Fritz, geschieht es mit vollem Vertrauen, daß ich diese geliebte Tochter in Ihre Hände gebe.

Coraly Macaire d'Hogguer (1794 – 1847) an den zukünftigen Schwiegersohn
Friedrich von Zeppelin, undatierter Brief aus Konstanz, November 1834

An die ~~Redaction des Schwäbischen~~
~~Merkur~~ ~~herausgeber etc.~~ ~~Schwäbischen~~
vom Bodensee. —

Pompiers-Corps ???

Nicht der Anstalt, — möchte sie recht bald ohne alle
Zeichen in Deutschland nachahmlich werden! — nein,
dem fremden Namen, mit welchem man sie taufen
will, gelten die drei Fragezeichen.

Sie haben oft Ihre Stimme gegen das bittere
erheben, das unserer herrlichen Sprache durch den
häufigen Gebrauch, durch das unaufhörliche hinzu-
nehmen von Fremdwörtern angethan wird. Aber — Sie blieben eben beim Alten. Laulheit, Vorurtheil, Mangel
an Ernst und Selbstbewußtsein behaupten die Waffen
und selten bleibt denen Sie warnend ihren Ruf zu
Denkrede von so falscher Sache erschallen lassen, der
das ein Paar Worte auf gutes Feld gefallen. Und
doch sollte man meinen, dem Deutschen müßte Sein
Sinn über dieß undeutsche Treiben wenigstens so
wichtig erscheinen, als so manche Neuerung, die
in unseren Tagen, oft mit unreifem, übersprudelnden
Eifer erstreben sehen — Nun dem auf sich (wollen
gleich müde werden, weil der Erfolg hinter unseren Wün-
schen das redliches Arbeit für eine gute Sache zurück-
wir fingen lieber gar nicht an.) Mir aber ließ es
Ruhe. Der Unmuth über diese Bücher und Zeitschriften
und mehr überwuchernde, fremden Unkraut, über diese
täglich neu emporschießenden, jedes Gespräch vergiftenden
Pilze, über diese stets giveigner am Mark und Schöne
der Erzeugnisse deutschen Geistes saugenden Schmarotzer —

Abschied
VOM
FÜRSTENHOF

Was die Fabrikantentochter in Sigmaringen erwartete, war jedoch alles andere als große höfische Welt. Fritz von Zeppelin hatte die Tagespläne für die fürstliche Hofhaltung zu erstellen, Arrangements für Abendveranstaltungen, Soirees und Bälle zu treffen, die Küchenmannschaft zu instruieren und festzulegen, in welchen Salons die Mahlzeiten und Getränke des Tages eingenommen wurden und welche Gäste zu Tisch gebeten werden würden. Kam hoher Besuch ins Schloss, hatte der Hofstaat zu den Empfängen und Mahlzeiten bis zu vier Mal am Tag die Hofuniformen zu wechseln. So flossen die Tage dahin in förmlicher Langeweile und inhaltsleeren Hofritualen. Das dürfte für empfindsame, geistig interessierte Menschen auf Dauer keine aufregende Beschäftigung gewesen sein.

Graf Friedrich von Zeppelin, genannt „Fritz".

Amélie, humorbegabt und vom Glanz äußerer Umstände wenig beeindruckt, ertrug die langweilige Eintönigkeit des Sigmaringer Hoflebens. In ihre Briefe nach Hause aber scheint etwas von der Einsamkeit der jungen Frau zwischen all den Hofschranzen und Provinzgrößen eingeflossen zu sein. Beschwichtigend versicherte sie den Eltern, sich dennoch wohl zu fühlen, wie einer Antwort ihres Vaters vom 14. Juli 1835 zu entnehmen ist: *„Ich bin vor allem darüber erfreut, daß Du mir versicherst, die Stille und die Einsamkeit Sigmaringens bedeuteten Dir weder Kummer noch Langeweile. Es ist ein großer Gewinn, wenn Du mich wissen lässt, daß Du Deine Tage sowohl mit nützlicher Tätigkeit, als auch mit Deinem Geist und Deinen Gaben entsprechenden Freuden verbringst."* [12] Zu dieser Zeit nähte und häkelte die 19Jährige Kinderkleider. Sie war schwanger. Vater Macaire sprach in seinem Brief wie selbstverständlich vom *„erwartenden Kleinen"*, also dem nach patriarchalischer Weltsicht erwünschten männlichen Enkel. Es kam anders: Im Januar 1836 wurde Eugenie, das erste von drei Kindern der Zeppelins geboren.

Offenbar um diese Zeit herum scheinen sich zwei Interessen ergänzt zu haben: Friedrich von Zeppelin und seine Frau Amélie waren des Hofdienstes überdrüssig. Man sei des *„großen Glanzes satt"* geworden, schreibt Amélie im oben genannten Brief. Aber auch aus Konstanz gab es Signale: Man lebe *„ruhig und eintönig"* klagte brieflich Vater Macaire. Die Mahlzeiten mit seinem Sohn Moritz seien zuweilen so wenig lebhaft, dass eine *„bei der Suppe gefallene Bemerkung erst beim Dessert oder nach dem Obst"* beantwortet werde.[13]

David Macaire, dessen Baumwollfärberei im alten Dominikanerkloster ein florierendes Unternehmen war, erweiterte in diesen Jahren seine Geschäftstätigkeit. Er hatte seit 1824 mit dem württembergischen Verleger und Unternehmer Johann Friedrich von Cotta und dem britischen Industriellen John Cockerill zu den Gründervätern der Dampfschifffahrt auf dem Bodensee gehört. Inzwischen war das neue, von den alteingesessenen Schifferzünften erbittert bekämpfte Verkehrsmittel etabliert, die Dampfschiffe hatten die unzuverlässigen Lastensegler endgültig abgelöst. Nun sollten weitere Schiffe gebaut und verlässliche Kurse zwischen den größeren Bodenseestädten eingerichtet werden. Als zweites Standbein neben der Baumwollfärberei betrieben die Macaires seit 1790 eine Bank, die in eigenem Interesse und mit dem Geld ihrer Kundschaft in rentable Unternehmen der Region, der Schweiz, Frankreichs, Russlands und in Übersee investierte. Zu seinen prominentesten Kunden zählte das Bankhaus schon lange Mitglieder der Familie Beauharnais und Bonaparte. Als Napoleons Stieftochter und Schwägerin, Hortense de Beauharnais, 1815 als Asylsuchende an den Bodensee kam, wurde sie dort von ihrem Schweizer Bankier bereits erwartet. Erhaltene Dokumente aus der Geschäftskorrespondenz zwischen Hortense und dem Haus Macaire veranschaulichen, wie weit die Vollmachten reichten, die David Macaire übertragen worden waren: Er wickelte für sie internationale Transaktionen in Wien, Paris und Italien ab, verhandelte über Einkünfte aus ihren Gütern und trat als Strohmann auf, wenn sie Immobilien erwerben oder politisch motivierte Meldungen in Tageszeitungen platzieren lassen wollte. Das Bankhaus Macaire verwaltete einen so großen Teil ihres Vermögens, dass sie jederzeit Barbeträge von mehreren tausend Gulden abheben konnte. Ihre bei dieser Bank eingehenden Jahreseinkünfte bezifferte Hortense beispielsweise Anfang 1818 mit 27.592 Gulden.[14] Der Konstanzer Bürgermeister bezog damals ein Jahresgehalt von 1200 Gulden.

Gegen die Gewinnmöglichkeiten aus solchen Geschäften war das Einkommen eines Sigmaringischen Regierungsrats ein Trinkgeld. David Macaire konnte zudem einen Mitarbeiter aus dem engeren Familienkreis gut gebrauchen. So kam dem Entschluss von Fritz von Zeppelin, den Hofdienst zu verlassen, das Angebot seines reichen Schwiegervaters entgegen: Der 29jährige Hofmarschall wurde Mitarbeiter der Macaire'schen Unternehmungen, die dreiköpfige Familie zog nach Konstanz in die weitläufige Kloster- und Fabrikanlage auf der Dominikanerinsel.

Der Himmel ist mein Zeuge – ich kann nicht anders!

Graf Friedrich von Zeppelin (1807 – 1886) zur Begründung
einer Gehaltserhöhung gegenüber dem Fürsten von Hohenzollern-
Sigmaringen, Mai 1834

Kinderarbeit
AM
BODENSEE

*D*er Sohn des früheren württembergischen Außenministers brachte gute Beziehungen sowie einige juristische und staatswirtschaftliche Kenntnisse aus dem Kavaliersstudium mit in die neue Tätigkeit. Doch von den Realitäten des vorindustriellen Produktionsalltags, vom patriarchalischen Umgang mit Arbeiterinnen und Arbeitern der Manufaktur oder vom Kampf um Absatzmärkte und Preise hatte der junge Hofbeamte, der Seidenhosen, vergoldete Ziermöbel und den gedämpften Ton der Hofdiplomatie gewohnt war, keine Ahnung. Amélie, seine Frau, war immerhin neben der Fabrik aufgewachsen und kannte den calvinistischen Arbeitsethos ihrer Familie, der harte Arbeit und beruflicher Erfolg als Zeichen göttlicher Gnade galt. Doch sie hatte nie eine öffentliche Schule besucht und war wegen ihrer zarten Gesundheit von alltäglichen Pflichten und Belastungen

Genfer am Bodensee: Der Gründer der Kolonie in Konstanz, Jacques Louis Macaire d' Lor, und seine Söhne Gaspard (li.) und David.

immer verschont geblieben. Fritz und Amélie sprachen familienbedingt fließend Französisch und beherrschten die gültigen Umgangsformen adeligen Lebens. Fritz spielte Violine, beide zeichneten gerne und mit Begabung. Amélie betrieb zudem künstlerisch inspirierte Näharbeit, pflegte eine ausgedehnte Korrespondenz und sammelte aus dem Kontor des Unternehmens Briefe und Anfragen kuriosen Inhalts. An geselligen Abenden las sie besonders unterhaltsame Beispiele aus ihrer skurrilen Sammlung vor. Amélie und Fritz waren intensive Leser: Sie verschlangen die Werke der zeitgenössischen Literatur – weit mehr als in ihren Kreisen damals üblich war. Auf einen bürgerlichen Brotberuf waren sie jedoch nicht vorbereitet. So trat also ein feinsinniger, von seiner Frau zuweilen als „Blumenfreund und Dichter" bezeichneter Mann in die Welt der vorindustriellen Warenproduktion ein.

Seit 1785 war die Familie seines Schwiegervaters in Konstanz ansässig. Die Macaires gehörten zu einer Gruppe Genfer Großbürger, die nach einem erfolglosen, von Jean Jacques Rousseau philosophisch inspirierten Aufstand gegen das oligarchische Stadtregiment ihre Heimatstadt Genf verlassen mussten. Die zur Emigration gezwungenen Fabrikanten hielten Umschau nach geeigneten Wirtschaftsstandorten. Amélies Großvater Jacques Louis Macaire sowie François Roman und Ami Melly stießen auf Konstanz. In einer Denkschrift an die vorderösterreichische Regierung entwarfen die drei selbstbewussten Calvinisten das Bild einer aufstrebenden Stadt am Bodensee, gäbe man ihnen nur die Chance, unter

Verladen der zu Ballen verschnürten Baumwolltücher. In der Mitte der junge David Macaire. Szene aus dem Freskenzyklus von Carl von Haeberlin im Kreuzgang des heutigen Inselhotels.

steuerbegünstigten Verhältnissen mit ihren Erzeugnissen freien Handel zu treiben. Als Gegenleistung boten sie die pauschale Steuerabgabe von maximal 12.000 Gulden an – das Achtfache dessen, was die vorderösterreichische Regierung von der ganzen Stadt jährlich als „Ewige Steuer" bekam.[15]

Im April 1785 wurde ein Hofdekret über die „Fabrikantenkolonie aus der Schweiz" erlassen, das neben anderen auch Jacques Louis Macaire de l'Or gestattete, im einstigen Dominikanerkloster auf der Insel eine Manufaktur zur Herstellung bedruckter Indiennes-Baumwolltücher zu errichten. Man räumte dem Unternehmer Steuererleichterung ein und gestattete die Gründung einer protestantischen Gemeinde. Die aus importierter ägyptischer, amerikanischer oder karibischer Baumwolle gewebten weißen Tuche bezog Macaire weiterhin von Schweizer Zulieferern, später auch von Spinnern und Webern aus dem deutschen Umland.

„Indiennes" genannte Textilien sind mit indisch-exotischen Motiven farb- und waschecht bedruckte Baumwollstoffe, die zwischen dem 17. und 19. Jahrhundert in Europa produziert wurden. Sie dienten zur Herstellung leichter Kleidung, als Überzüge für Möbel und als Tapeten. Vor allem waren es französische Protestanten, die Hugenotten, die mit der Indiennes-Produktion erfolgreich waren. Im 18. Jahrhundert hatten in die Schweiz eingewanderte hugenottische Familien das Land nach England zum zweitwichtigsten europäischen Standort für die Herstellung von bedruckten Baumwolltüchern gemacht. Zentren der Schweizer Indiennes-Herstellung waren Genf, Neuenburg und Basel, später auch Bern, Zürich und St. Gallen. Ende des 18. Jahrhunderts arbeiteten etwa 10.000 Beschäftigte in diesen Betrieben, von denen die größten mehrere hundert Arbeiterinnen und Arbeiter zählten.[16] Die Tuche wurden in einem arbeitsteiligen, komplexen Fabrikationsprozess hergestellt, an dem Musterzeichner, Maler, Holzmodelstecher, Farbmischer, Bleicher sowie ungelernte Arbeitskräfte zum Bestreichen der Druckstöcke und Drucker beteiligt waren. Die Arbeit wurde von Hand an sogenannten Drucktischen verrichtet. Auch das Waschen, Beizen und Bleichen in großen Bottichen, die Behandlung mit Salzen und Laugen und das Imprägnieren der Tuche geschah von Hand. Die farbigen, mit Giftstoffen belasteten Abwässer der Produktion wurden direkt in den See abgeleitet. Diese Praxis wurde erst Mitte des 20. Jahrhunderts mit dem Bau seeumspannender Kläranlagen am Bodensee endgültig abgestellt.

Drei Jahre nach der Gründung des Unternehmens zählte die Familie Macaire auf der Insel elf Mitglieder. Sie beschäftigte 25 Arbeiter, 10 Arbeiterinnen und 16 Kinder als so genannte „Lehrlinge". Dazu kamen Zeichner, Drucker und Druckerinnen, Färberinnen und Handlanger. Zusammen betrug der Personenstand 81 Personen. Die gesamte Genfer Kolonie bestand 1788 aus rund 500 Personen.

Die Konstanzer Bucht um 1840: Rechts der als Textilfabrik genutzte Kirchenbau des ehemaligen Dominikanerklosters, daneben das Wohnhaus der Familie Macaire. Links das Kaufhaus, davor die Seebadeanstalt.

Die Kinder in der Fabrik, darunter erst Sechsjährige, forderte der Unternehmer aus dem Konstanzer Waisenhaus an. Drei Jahre lang arbeiteten diese Kinder gegen sehr geringen Lohn, denn ihre Beschäftigung wurde als Ausbildungsverhältnis deklariert. Macaire handelte damit völlig im Einklang mit den Anschauungen seiner Zeit, die dem rationalistischen Nützlichkeitsdenken der Aufklärung verpflichtet waren: Unversorgte Waisenkinder konnten auf diese Weise eine Tätigkeit erlernen, die sie befähigen sollte, ein selbstverantwortliches Leben ohne öffentliche Unterstützung zu führen. Dass zahlreiche Kinder in der feucht-heißen Luft solcher Manufakturen, unter dem Einfluss ätzender Dämpfe, Salze und Laugen, krank wurden und viele das Erwachsenenalter nicht erreichten, wurde erst in der beginnenden Debatte um die sozialen Folgen der Industrialisierung im ersten Drittel des 19. Jahrhunderts ein politisches Thema. In den Jahren, als Macaire in Konstanz die Indiennes-Herstellung aufnahm, galt Kinderarbeit als sozialer Fortschritt. Die bekannte Schriftstellerin Sophie von La Roche schreibt in ihrem „Tagebuch einer Reise durch die Schweiz" 1787 über den Besuch in einer Indiennes-Fabrik unter anderem: *„Dass die Farben auf den Druckformen durch lauter Kinder aufgetragen werden, freute mich; sie werden dadurch zur Arbeit gewöhnt, und da bey dieser Beschäftigung Ruhe und Bewegung abwechseln, so ist sie auch dem natürlichen Wesen der Kinder mehr angepasst, als stundenlanges Sitzen und Bücher vor sich zu haben."* [17]

Als mit Jacques Louis' Söhnen David und Gaspard Anfang des 19. Jahrhunderts die zweite Generation der Macaires die Geschäfte übernahm, waren die meisten der Genfer Kolonisten bereits wieder in ihre Heimat zurückgekehrt. Ihre Unternehmungen waren an der abgelegenen Lage des Bodenseegebiets, an Importverboten in die österreichischen Erblande und an anderen Wettbewerbsnachteilen gescheitert. Nicht zuletzt hatten die katholisch-konservative Konstanzer Ratselite und das noch immer zünftisch geprägte heimische Gewerbe die ungeliebte frühindustrielle Konkurrenz von Anfang an behindert und bekämpft. Gleichwohl florierte die Macaire'sche Fabrik. Der 1774 geborene David und sein sechs Jahre jüngerer Bruder Gaspard Macaire arbeiteten nach dem Verlegersystem: Sie ließen die Baumwollstoffe in kleinen Webereien und Spinnereien auf dem Land in Heimarbeit produzieren, bedruckten die Tücher in ihrer Fabrik und verkauften sie auf ausländischen Märkten weiter.

Brücke auf die „Macair'sche Insel", wie die einstige Klosterinsel seit 1785 genannt wurde. Ölskizze von Joseph Mosbrugger, einem Bekannten der Macaires.

SCHWEIZER
Netzwerke

Die Macaires waren frühe Global Players, die das Schicksal nach politischen Unruhen in ihrer Heimatstadt Genf eher zufällig in die abgelegene vorderösterreichische Bodensee-Provinz geworfen hatte. Ihre dort produzierten Tücher waren so wenig für den dortigen regionalen Markt bestimmt, wie ihre sonstigen Geschäfte auf den engen Raum der wirtschaftlich zurückgebliebenen Landschaft beschränkt blieben. Diese Genfer Familie blieb auch im Exil am Bodensee Teil eines mächtigen europäischen Wirtschaftsnetzwerkes, zu dessen Erfolg auch die richtige Heiratspolitik gehörte. Während Gaspard Macaire ledig blieb, heiratete David – vermutlich nicht ganz zufällig – eine Tochter aus einer in Frankreich, Schweden und Holland tätigen St. Galler Wirtschaftsdynastie: Coralys Vater Friedrich Heinrich Högger (später Baron Frédéric d'Hogguer) stand als Offizier in Diensten des französischen Hofs und kommandierte zuletzt die Schweizer Garde des französischen Königs. Er hatte Henriette Passavant geheiratet, Tochter einer alteingesessenen Basler Handelsfamilie. Friedrich Heinrichs Vater Daniel Högger war Gründer des Högger'schen Bankhauses in Amsterdam gewesen, später holländischer Gesandter in Hamburg und Inhaber einer französischen Baronie. Seine Ehefrau Henriette war eine geborene von Maucler. Frauen dieser französischen, später württembergischen Hofadelsfamilie tauchen auch im Stammbaum der Zeppelins auf. Von Daniel Högger, dem Bankier und Diplomaten, führt die Linie zu der in Lyon und in der Ostschweiz als Leinwand- und Seidenhändler, als Bankiers und Fernhandelskaufleute tätigen Familie von Scherer, den Eigentümern des Schlosses Castell, das unweit des Zeppelin-Schlosses Girsberg gelegen ist. Auch mit der französisch-schweizerischen Handelsfamilie Zollikofer, die unter anderem in Lyon eine Niederlassung unterhielt, und den im Überseehandel engagierten St. Galler Patriziern Gonzenbach waren die Höggers geschäftlich und familiär verbunden.

Friedrich Heinrich Högger aus St. Gallen. In Paris geadelt, nannte er sich Baron Frédéric d' Hogguer.

Der unermessliche Reichtum dieser und anderer Schweizer Kaufleute und Bankiers fußt nicht allein auf dem innereuropäischen Handel mit Textilien und exotischen Rohstoffen aus Übersee. Die Schweizer Indiennes-Produktion war

Teil des sogenannten atlantischen Dreieckshandels zwischen Europa, Afrika und der Karibik, bzw. Nordamerika. Textilien aus Schweizer Herstellung wurden als Exportware aus europäischen Handelshäfen wie Nantes nach Afrika verschifft, wo sie verkauft oder als Tauschware gegen Sklaven eingewechselt wurden. Die Sklaven wurden in überfüllten Schiffen unter unmenschlichen Bedingungen nach Nord- und Südamerika gebracht, wo sie auf den Baumwoll-, Zucker-, Kaffee-, Kakao- oder Tabakplantagen der meist aus Europa stammenden Eigentümer eingesetzt wurden. Indiennes-Tuche aus Frankreich und der Schweiz machten Ende des 18. Jahrhunderts etwa 90 Prozent der für den Sklavenhandel hergestellten Druckstoffe aus.[18] Schweizer Produzenten lieferten die Tuche, Schweizer Finanziers und Bankhäuser stellten Risikokapital zur Ausrüstung der Sklavenschiffe zur Verfügung oder investierten mit dem Geld ihrer Kunden in das wegen häufiger Totalverluste von Ladung und Schiff zwar riskante, aber im Erfolgsfall äußerst einträgliche Geschäft.

In der bisherigen Forschung zu diesem Thema tauchen weder das Konstanzer Textilunternehmen noch die Konstanzer Bank Macaire als unmittelbare Akteure in diesem Handel auf. Auch lokale Quellen berichten nichts von einer Beteiligung. Die Macaires waren zwar Schweizer Bürger geblieben, doch sie produzierten inzwischen im österreichischen Konstanz. Es ist also eher unwahrscheinlich, dass ihre Produkte zuerst in die Schweiz, dann nach Frankreich und von dort nach Afrika verkauft wurden. Aber angesichts der engen familiären Verbindungen der Macaires zu den auch als Investoren in den Dreieckshandel involvierten Schweizer Familien Högger/d'Hogguer, von Scherer, Zollikofer, Gonzenbach, Necker und Faesch ist es wahrscheinlich, dass der bedeutend anwachsende Macaire'sche Wohlstand auch aus solchen Investitionen gespeist worden sein könnte. In einer Liste aus Nantes aus dem Jahr 1791 taucht ein Schweizer Bankhaus Macaire & Moutté als Ausrüster des Sklavenschiffs „L'Intrépide" auf. Konkreter ist ein Hinweis auf Coraly Macaires St. Galler Großvater Daniel Högger: Gegen Ende des 18. Jahrhunderts war er Miteigentümer der Plantage „L'Helvétie" in Berbice in der heutigen Republik Guyana, aus der seine Familie beträchtliche Gewinne zog.[19]

Sie gibt den Lehrjungen den Geschmack zur Arbeit durch die Nacheiferung und steten Fleiß.

Jacques Louis Macaire (1740 – 1824)
Textilfabrikant in Konstanz über die Möglichkeit für Waisenkinder,
in seiner Fabrik eine Lehre zu machen.

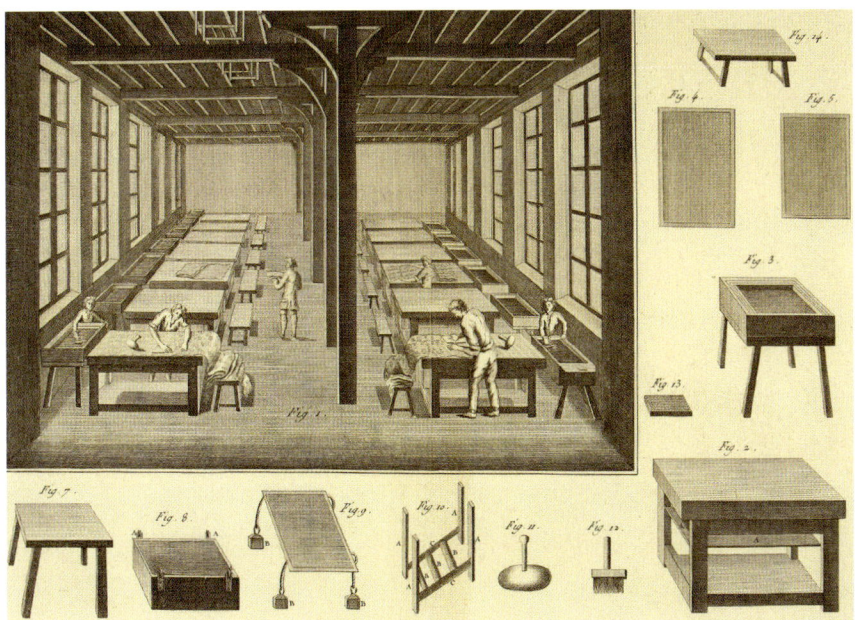

Idealansicht einer Indiennes-Färberei. Die Realität bei Macaire war ungesünder.

Aus den Quellen leichter zu erheben sind die Erfolge am Ort der Produktion: Die Gründergeneration der Macaires hatte sich jahrelang bemüht, ein österreichisches Importprivileg für die Erblande der Monarchie zu erhalten. Mit dem Übergang der Stadt Konstanz von Österreich an das neue Großherzogtum Baden verbesserten sich die Absatzmöglichkeiten der Fabrik in die deutschen Länder. Zeitweise unterhielt das Unternehmen Niederlassungen in Leipzig und Hamburg. Die Macaires, ihr Mitbewerber und Freund Gabriel Herosé, die Fabrikanten Lauber, Sulzberger, Vogel & Hirn und andere hatten im verschlafenen vorderösterreichischen, dann badischen Landstädtchen Konstanz die industrielle Produktionsweise etabliert. Gewerbliche Begabung, sicherer Geschäftsinstinkt, hohe Investitions- und Spekulationsbereitschaft und patriarchalische Herrschaftsstrukturen in den ihnen gehörenden Unternehmen kennzeichneten diese frühen Wirtschaftsbürger am Bodensee. Diese Gründerväter von Unternehmerdynastien dachten in ökonomischen Zusammenhängen und setzten technische Innovationen für ihre Zwecke ein: Wer Güter in abgeschiedener Lage produziert, ist auf gute Transportwege und Transportmittel angewiesen. David Macaire engagierte sich deshalb im politischen Kampf um die Aufhebung von Binnenzöllen und er war Gründungsaktionär der privaten Konstanzer Dampfschifffahrtsgesellschaft. Als Präsident des Verwaltungsrats der Konstanzer Gesellschaft betrieb er 1832 gegen die lange Zeit lähmende Untätigkeit der lokalen Behörden den Bau eines neuen Hafens – ein Projekt, das 1839 eingeleitet und 1842 mit der Eröffnung der Hafenanlage erfolgreich beendet wurde. Bereits 1813 hatte die Familie die einst

Das Innere der einstigen Dominikanerkirche 1872 während des Umbaus zum Hotel.

Oberdeck eines Salondampfers vor der Konstanzer Kulisse.

dem Dominikanerorden entrissene, dem Calvinisten Macaire als Fabrikareal kostenfrei zur Verfügung gestellte Insel zum vergleichsweise günstigen Preis von 6500 Gulden vom badischen Staat erwerben können.

Als Friedrich von Zeppelin in das Unternehmen des Schwiegervaters eintrat, betrieben David und sein Sohn Moritz Macaire das sogenannte Rauhen-Eck-Projekt, ein Bauvorhaben zur Errichtung von Spekulationshäusern auf einem bislang sumpfigen Brachland vor den alten Türmen der südlichen Stadtbefestigung. Zeppelins erste öffentliche Funktion im neuen Umfeld: Er wurde Sekretär der Baugesellschaft. Ab 1839 platzierte ihn David Macaire im Verwaltungsrat der eben gegründeten Sparkasse. Später tauchen Namen der Modernisierer im Projekt des liberalen Verlegers Ignaz Vanotti zum Bau einer Eisenbahnlinie und in weiteren Unternehmensgründungen der Region auf. Die Familienbank investierte beispielsweise in die Spinnerei des Unternehmers Carl ten Brink in Arlen und erwarb über Kontakte zu deutschen Familienmitgliedern in Russland Beteiligungen an dortigen Minen und Eisenbahnprojekten. Noch Ende des Jahrhunderts bezogen Eberhard und Ferdinand von Zeppelin nicht unwesentliche Renditen aus ihrer Teilhaberschaft an ostschweizerischen Privatbahnen. Wie sein Schwiegervater trat auch Friedrich von Zeppelin kaum im politischen Tageskampf in Erscheinung. Die nachgeordneten Positionen, die er zwischen 1836 und 1840 einnahm, lassen die Vermutung zu, Schwiegervater Macaire habe den im freien Wirtschaftsverkehr ungeübten Fritz sehr vorsichtig an unternehmerische Projekte heranführen wollen.

Die Jahre nach 1830 kennzeichnen in Konstanz einen vorsichtigen Aufbruch. Nach der lähmenden Stille der letzten Jahre unter österreichischer Herrschaft, den Lasten der napoleonischen Kriege und der politischen Enge der Restaurationszeit begannen liberale Köpfe um den jungen Bürgermeister Carl Hüetlin die noch ganz in mittelalterlichen Strukturen verharrende, kaum 7000 Einwohner zählende

Stadt zu modernisieren. Die ersten der 34 mittelalterlichen Tore und Stadttürme wurden abgebrochen und der dreibeinige Galgen im Tägermoos niedergelegt. Öllaternen erleuchteten die Gassen der Altstadt. Die Post bekam ein stattliches Gebäude, eine Schwimmanstalt wurde gegründet, ein neues Schlachthaus mit hygienischeren Einrichtungen errichtet und mehrere leer stehende Sakralbauten zu Wohnungen, Amtsbauten oder Gasthäusern umgebaut. Das gesellschaftliche Leben fand im liberalen Club „Bürgermuseum", in der konservativen „Casinogesellschaft", im „Lauber'schen Tanzsaal" und in der Sommerwirtschaft des Bierbrauers Barxel auf dem Fürstenberg statt.

Von der damals einsetzenden Gründung sich gegeneinander abgrenzender politischer Fraktionen und Vereine hielten sich die Unternehmer Macaire eher fern. Zwar gehörte David der kapitalstärksten Interessensgruppe um den liberalen Bürgermeister Carl Hüetlin an, die auf dem Münsterhügel den elitären Gesellschaftsclub unterhielt und deshalb „Casinogruppe" genannt wurde. Doch David Macaire hielt auch geschäftliche und politische Kontakte zur Fraktion des kleinbürgerlich geprägten „Bürgermuseums". Sein Bruder Gaspard, der 1847 starb, lebte zurück gezogener. Der begeisterte Sammler naturkundlicher Objekte trug eine der bedeutendsten Sammlungen von Schmetterlingen und Mineralien der Region zusammen. Teile dieser Sammlung sind bis heute im Bestand des Bodensee-Naturmuseum in Konstanz erhalten.

Aufnahmekarte des liberalen Gesellschaftsklubs „Bürgermuseum", um 1840.

Mit Bedauern nahm die Stadt den Abzug des badischen Infanterie-Regiments Markgraf Wilhelm zur Kenntnis, dessen Offiziere die Abende der „Casinogesellschaft" bereichert hatten. Begeistert wurden dagegen 1832 polnische Freiheitskämpfer gefeiert und bewirtet, deren Kampf gegen die russische Fremdherrschaft gescheitert war. Im ehemaligen Jesuitentheater unweit der Macaire'schen Insel gastierten Wandertruppen. Die Macaires pflegten derweil die französischen Wurzeln ihrer Herkunft: In den Räumen ihres Klostergebäudes auf der Insel tagte regelmäßig die „Société littéraire française de Constance", eine Lesegesellschaft, der rund 30 Mitglieder aus den Reihen der örtlichen Staats- und Stadtverwaltung, des regionalen Adels und einige Schweizer Patrizierfamilien angehörten. Auch der frühere Generalvikar des Konstanzer Bistums, Ignaz Freiherr von Wessenberg, Ex-Königin Hortense und ihr Sohn Louis Napoléon gehörten dem Kreis an. In Kreuzlingen gründete Ignaz Vanotti seinen Verlag Bellevue, der in Deutschland verbotene politische Schriften publizierte. Obwohl in gegensätzlichen politischen Lagern beheimatet, pflegten David Macaire und Fritz von Zeppelin auch Umgang mit dem republikanischen Intellektuellen Ignaz Vanotti, seinem Bruder, dem Arzt und späteren 1848er Eduard Vanotti, sowie mit einigen anderen republikanisch gesinnten Familien.

David Macaire vertrat die Stadt in einer Karlsruher Notabelnversammlung zur Erörterung des Eisenbahnbaus in Baden. Manche gewerblich-industrielle Neugründung überlebte jedoch nur wenige Jahre, so eine Ziegelbrennerei, eine Zichorien- und Zuckerfabrik, eine Tapetenfabrik und das Hotel der hugenottischstämmigen, mit den Macaires befreundeten Brüder Delisle.[20]

Auch nach einigen Jahren hatte sich Fritz von Zeppelin mit dem nüchternen Geist der kapitalistischen Produktionsweise nicht anfreunden können. Politische Auseinandersetzungen um Projekte der Stadtentwicklung, Schwierigkeiten der Arbeitskräftebeschaffung, Fragen des Vertriebs, die Orientierung auf den europäischen Absatzmärkten oder strategische Überlegungen zu gewinnbringenden Investitionen der Hausbank waren seine Sache nicht. Aus Fritz, dem liebenswürdigen Schöngeist, war kein Unternehmer geworden.

Der Konstanzer Hafen mit Resten der spätmittelalterlichen Befestigungsanlage. Rechts das „Lukenhäuschen" von dem aus abends eine Kette hochgezogen wurde, um die Einfahrt zu schließen.

RÜCKZUG IN DIE THURGAUER
Idylle

*A*ls Chef seines Schwiegersohns machte David Macaire im Dezember 1840 einen schweren Fehler: Er hängte seiner Tochter und ihrem Mann den Kaufvertrag des seit 1809 den Macaires gehörenden Landguts Girsberg an den Weihnachtsbaum. Fritz habe die feuchte Seeluft im alten Kloster nicht vertragen, heißt es in der familiären Überlieferung.[21] Wahrscheinlich bekam dem sensiblen Menschenfreund die Härte des Geschäfts nicht. Vielleicht hatte er auch Mitleid empfunden angesichts der schuftenden Frauen an den heißen Bleichkesseln und der zahlreichen Waisenkinder, die in den Industriebetrieben der Gegend oft mehr als 14 Stunden täglich ausgebeutet wurden.

Die kleine Familie hatte sich inzwischen weiter vergrößert: Am 8. Juli 1838 war der erste männliche Nachkomme, Ferdinand, zur Welt gekommen. Mit Amélie, Eugenie und dem zweijährigen Ferdinand bezog Vater Fritz das neue Heim.[22]

Schloss Girsberg, seit 1840 Lebensmittelpunkt und später Sommersitz der Familie Zeppelin.

"Möcht' die Arme sehnend breiten
Nach dem Vaterhause hin,
Möcht' wie sonst aus meinen Saiten
Kindlich frohe Klänge ziehn'.
Möchte Liebe wieder finden,
Herzen, die mein Herz verstehn."

Friedrich Graf von Zeppelin

Frontalansicht des Schlosses Girsberg im heutigen Zustand.

Der Graf behielt zwar einige seiner öffentlichen Ämter, blieb beispielsweise Verwaltungsratsmitglied der jungen Sparkasse und, gemeinsam mit Schwager Moritz Macaire, Vorstandsmitglied der „Casinogesellschaft". Doch seine kurze Karriere als Mitarbeiter der Macaire'schen Unternehmungen war beendet. Als David Macaire fünf Jahre später an den Folgen eines Schlaganfalls starb, hinterließ er seinen drei Kindern Amélie, Henriette und Moritz ein Privatvermögen von 300.000 Gulden, nach heutigem Wert eine Millionensumme. Seine Witwe Coraly erhielt nur eine Witwenversorgung, sie starb bereits zwei Jahre nach ihm, nur 54jährig, während eines Kuraufenthalts in Meran. Nur ein Teil der Erbschaft wurde den Kindern ausbezahlt. Der Großteil kam, gemeinsam mit Davids Beteiligungen an verschiedenen Firmen, in einen treuhänderischen Fonds, den Moritz Macaire für seine Geschwister und deren Kinder in der Privatbank der Familie verwaltete. Briefe und Tagebuchnotate belegen, mit welcher Sorgfalt die Familie die Mehrung des Vermögens über Jahrzehnte betrieb. Auch in der nächsten Generation wurden Bahnaktien, Silberprioritäten, französische, englische, holländische und russische Aktien und Staatsanleihen gehalten, aus denen man die Apanagen für Kinder und Kindeskinder zu gewinnen hoffte.

Das Geschenk des Schwiegervaters ermöglichte einen erneuten Aufbruch aus fremdbestimmten Bahnen. Nun fand Fritz von Zeppelin die ihm gemäße Lebensform. In idealisierender Rückschau beschrieb Sohn Ferdinand Jahrzehnte später das dritte Leben seines Vaters: *„Mein Vater lebte sich auf Girsberg ganz in die Landwirtschaft ein. Selbsttätig kümmerte er sich bis in das Kleinste der Wirtschaft. Morgens um vier Uhr schon war er auf und sah nach allem. Seinen Grundsätzen und Neigungen, wie auch denen meiner Mutter entsprechend, war unser Leben sehr einfach. Während*

Der ehemalige, einfühlsam restaurierte Salon der Familie Zeppelin.

meine Großeltern in Konstanz auf einem ziemlich großen und vornehmen Fuße, weniger allerdings in Pracht, als in ausgesuchter Behaglichkeit, lebten, hielten wir uns z.B. nicht Wagen und Pferde. (...) Wir aßen nur Schwarzbrot, das in der eigenen Wirtschaft gebacken wurde, und nur ausnahmsweise, z.B. wenn Besuch kam, gab es weißes Brot." [23]

Die hier beschriebene Rückzugsidylle ist biografisch unscharf: Man glaubt, die Predigten des späteren Hauslehrers Robert Moser über ideale pietistische Lebenskonzepte wiederzuerkennen, wenn der inzwischen zum nationalen Helden verklärte Luftschiffer hier das Bild einer zu Fuß einherschreitenden, karges Schwarzbrot essenden, in harter Landarbeit aufgehenden Adelsfamilie zeichnet. Tatsächlich basiert der Rückzug aus dem kapitalistischen Produktionsbetrieb auf dem Erfolg der Macaire'schen Unternehmungen. Die Gewinnanteile aus Fabrik und Bank stockten künftig die Erträge aus der Landwirtschaft deutlich auf. Fritz von Zeppelin, der selbst nicht über ein sonderliches Erbteil verfügte, kehrte als Gutsherr in eine herrschaftlich-adelig geprägte traditionelle Lebensform zurück, wurde Landwirt aus Neigung, Gelegenheitsdichter, Schmetterlingssammler und Jäger, alimentiert aus dem Vermögen seines ökonomisch außerordentlich erfolgreichen Schwiegervaters und aus den Gewinnanteilen, die Schwager Moritz für seine verheirateten Geschwister Amélie von Zeppelin und Henriette de Senarclens erwirtschaftete. Dieser Ausstieg freilich sollte, wie zu zeigen sein wird, den Kindern Eugenie, Ferdinand und Eberhard zugutekommen. Untypisch für den Adel in der ersten Hälfte des 19. Jahrhunderts, widmete sich Fritz von Zeppelin nämlich liebevoll und mit ganzer Kraft der Erziehung und wissenschaftlich-praktischen Ausbildung vor allem seiner beiden Söhne.

EIN STOLZER *Württemberger*

&

*A*us der Zeit des Eigentumsübergangs von Schloss Girsberg an David Macaire im Jahre 1803 ist eine Objektbeschreibung des früheren Eigentümers, Kurfürst Friedrich II. von Württemberg, erhalten. Der verkaufswillige Herzog beschreibt ein Paradies auf Erden: *„Vom Schlosse, wie von den übrigen Teilen des Gutes genießt man eine reizende Aussicht, sowohl auf das Gebirge, den Rhein, den Ober- und Untersee, als auch auf die näheren Umgebungen. (...) Die Luft ist rein, die Gegend sehr gesund, und epidemische Krankheiten in derselben etwas Unerhörtes. Zwei laufende Brunnen mit gesundem Wasser und eigener Brunnenstube sichern Haus und Stallungen das ganze Jahr hindurch den nötigen Bedarf. 350 bis 400 Obstbäume; feinere Sorten Kern- und Steinobst in den Gärten und Spalieren. Drei Gemüse- und zwei Blumengärten. Etwa 50 Jucharten Kulturland. Grundverbesserungen und langjährige, rationelle Bewirtschaftung haben das Gut in erhöhte Ertragsfähigkeit gesetzt. Viehbestand: 2 Pferde, 14 Kühe, 4 bis 6 Schweine. Milchabsatz nach Constanz. In ganz guten Jahren hat der Weinertrag schon 6000 Gulden erreicht."* [24]

Ferdinand von Zeppelin als 15Jähriger. Gemälde von Theodor Schütz.

Vor ihrem Einzug in dies ordentlich bestellte, etwas oberhalb der Stadt Konstanz gelegene Gut wurden die Gebäude des alten Klosterhofes modernisiert und in schlichter Bauführung den Wohnbedürfnissen einer landadeligen Familie angepasst. Im Hochparterre des Haupthauses, wie es heute noch besteht, befanden sich die Wohn- und Repräsentationsräume der Familie. Im Obergeschoss hatte Mutter Amélie ihren Salon und ihr Schlafzimmer, in dessen Nähe das Zimmer Eugenies lag. Fritz von Zeppelin schlief, wie Hauslehrer Robert Moser in seinen Erinnerungen überliefert, unmittelbar neben dem Zimmer des Lehrers gemeinsam mit seinen beiden Söhnen und zwei Jagdhunden in einem weiteren Raum. Eine kleine Pappelallee führte auf das Schloss zu, das von Stallungen, dem kleinen Haus des Landwirtschaftspächters und einer Remise umgeben war.

Eugenie von Zeppelin, das älteste der drei Zeppelin-Kinder, gezeichnet von Alwina Partenheimer, Pfarrerstochter aus Konstanz.

In der landschaftlich zauberhaften Abgeschiedenheit des Schlosses, umgeben von anderen Adelsfamilien, napoleonischen Veteranen, dem Pfarrer und Schulmeister des Dorfes, eine halbe Stunde Fußmarsch von den Verwandten in Konstanz entfernt, erlebten Eugenie, Ferdinand und der 1842 geborene Eberhard unbeschwert die Jahre ihrer Kindheit. In einem 1844 geschriebenen Brief an die Schwägerin Anna hat Amélie ihre Kinder mit liebevoller Ironie skizziert: Eugenie sei ein zwar nicht hübsches, aber gescheites *„Mädchen aus Schwaben"*, mit großen klugen Augen, zu vielen Arbeiten geschickt, *„mit einer kleinen Anlage zur Altklugheit, die aber gehörig reprimirt wird."* Ihren Ferdinand beschreibt die Mutter als *„blauäugiges gelocktes Engelsköpfchen, der Liebling der Onkel und Tanten."* Zu Hause nenne man ihn *„Knöpfleschwab"*, auswärts jedoch werde er *„Herzkäfer"* betitelt. Die Gemütlichkeit selbst sei der knapp Sechsjährige, er helfe beim Kühe hüten, Holz tragen und Jäten, zudem interessiere er sich *„ungemein für Pflug und Sämaschinen usw. Er ist sehr stolz darauf, ein Württemberger zu seyn und eben sein erstes Paar Stiefel bekommen zu haben."* Der Jüngste, schreibt Mutter Amélie über den anderthalbjährigen Eberhard, sei ein unverkennbarer Zeppelin und *„ächter Rittersmann, großmütig edlen Sinnes, aber auch wild und unbeugsam, festen Willens, hart im Kampfe auch gegen Stärkere."* [25]

Das früheste Portrait des kleinen Ferdinand, gezeichnet von Alwina Partenheimer. Seine später so charakteristische Willensstärke scheint sich schon abzuzeichnen.

Das Familienleben auf Girsberg war geprägt vom engen Umgang der Eltern mit ihren Kindern. Die Interessen und Bedürfnisse der Kinder gewannen größeren Anteil am Geschehen der Familie, ja sie formten in dieser landwirtschaftlich tätigen Grafenfamilie den Lebensrhythmus und Lebensstil entscheidend mit. Auch in der Kleidung der Kinder lösten sich die Zeppelins ganz fortschrittlich von überkommenen Statusvorstellungen früherer Zeit. Von Hauslehrer Moser wissen wir, dass die Kinder praktisch und kindgerecht gekleidet wurden. Bei Tisch habe es einfache Kost gegeben und auf großen Einladungen hätten die Kinder auf den ei-

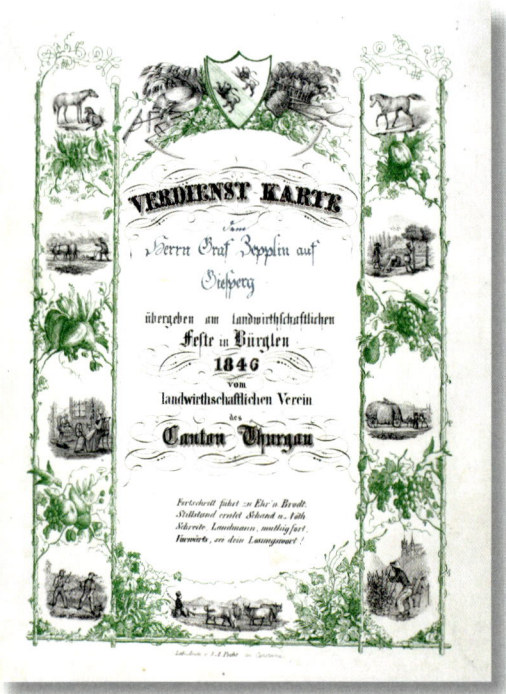

Erfolgreicher Landwirt: Urkunde, die Fritz von Zeppelin auf der kantonalen Landwirtschaftsausstellung 1846 in Bürglen errang.

nen oder anderen Gang verzichten müssen. Auch mit Spielsachen waren sie nach Mosers Bericht nur mäßig ausgestattet. Dafür verfügten die Buben über eine eigene Hobelbank, lernten zu schreinern und Vögel auszustopfen.²⁶ Die bewusste, pietistisch inspirierte Schlichtheit in den persönlichen Bedürfnissen spiegelt sich auch in den Geschenklisten, die Vater Fritz jeweils zu Weihnachten mit buchhalterischer Akribie aufstellte: Die Eltern legten ihren Kindern ausschließlich „praktische Geschenke" unter den Weihnachtsbaum. Wertvolles Spielzeug und verschwenderisch schöne Gaben waren nur vom spendablen Onkel Moritz Macaire und von den Tanten auf dem nahen Schloss Castell zu erwarten. Im politischen und wirtschaftlichen Krisenjahr 1849 bekam Eugenie vom Vater Briefpapier, ein Winterkleid, Winterhandschuhe sowie eine Biografie des Erzherzogs Johann geschenkt. Ferdinand wurde mit Zündhütchen für sein Kindergewehr, mit Weste und Werktagshose und mit einer Napoleon-Biografie bedacht. Dem siebenjährigen Eberhard legte der Vater neue Pantoffeln, eine Sonntagshose und eine Biografie des Fürsten Blücher unter den Baum. Bleisoldaten, eine Ritterburg, Spielzeugschiff, Elfenbeinkamm und Sonnenschirm steuerten Onkel, Tante und Großmutter bei. Die Eltern nahmen sich gegenseitig vom weihnachtlichen Sparprogramm nicht aus: Ehefrau Amélie schenkte Fritz eine Samtweste. Was sie von ihm bekam, ist nicht vermerkt. Großmutter Zeppelin schickte Amélie 15 Frankfurter Würste, die diese offenbar besonders gerne aß, Bruder Moritz packte ihr einen silbernen Brotkorb ein. Fritz wurde von Mutter und Schwager mit einer Jagdflasche, einer Zündholzbüchse und mit 100 feinen „Regalia"-Zigarren bedacht.²⁷

Ähnlich anschaulich berichten auch die Tagebuchhefte über den Alltag auf dem Girsberg, die Vater Fritz führte: Mit einer Lücke für die Jahre 1850 bis 1860 dokumentieren die dünnen Jahreskalender jeden Tag zwischen 1845 und 1882. Fritz von Zeppelin benutzte für seine täglichen Niederschriften den königlich-württembergischen Landwirtschaftskalender, der neben den kirchlichen Feiertagen für Katholiken, Protestanten und Juden auch praxisorientierte Abhandlungen etwa über den Bau einer Jauchegrube, die Herstellung von Ofenkitt oder über den Schutz von Beerensträuchern und Obstbäumen gegen Schädlinge mit selbst gebrauten Tinkturen enthielt. Auf die leeren Notizblätter der Kalender notierte Fritz für jeden Tag des Monats in winziger Schrift eine bis drei Zeilen. Die

Wilhelm Krämer

Graf Douglas

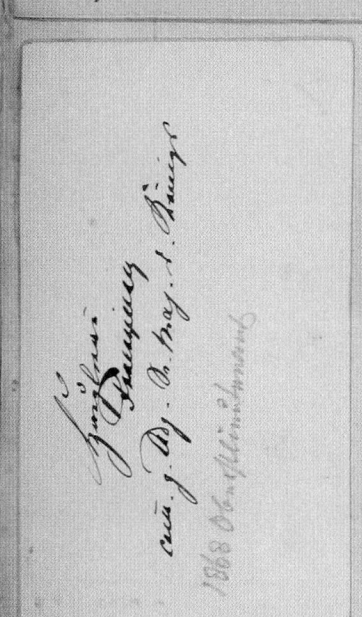

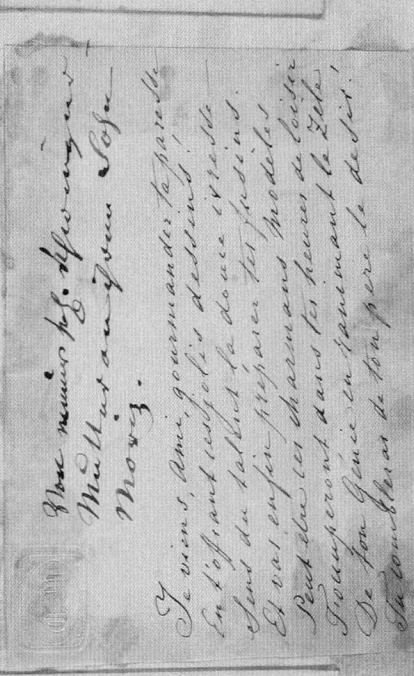

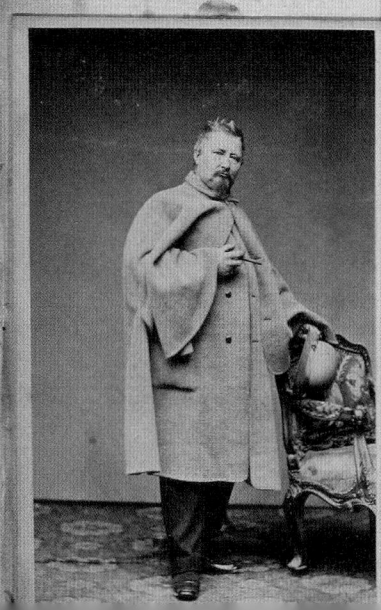

Honoratioren aus dem Freundeskreis (v.l.n.r.): Macaire-Prokurist Wilhelm Krämer, Graf Carl Douglas, Stadtrat Nepomuk Katzenmaier, Tuchhändler Wilhelm Meck und der Industrielle Carl Ten Brink.

Notate sind keine psychologisierende Selbstvergewisserung eines reflektierenden Tagebuchschreibers, vielmehr hält der Familienvorstand hier im Sinne eines Leistungsprotokolls die wichtigsten Ereignisse seiner Tage fest.[28]

Danach bewegte sich das Alltagsleben auf Girsberg zwischen körperlichen Arbeiten des Vaters in der Landwirtschaft, den Spielen mit den Kindern, Ausfahrten in die umliegenden Dörfer mit der „Omnibus-Kutsche" und stiller Einkehr im häuslichen Kreis. Nur selten taucht Amélie von Zeppelin als Handelnde der Ereignisse auf. Ihre schwächliche Konstitution scheint sie schon ein Jahrzehnt vor ihrem frühen Tod auf den engeren Kreis des Hauses beschränkt zu haben. Die Akteure des Lebens sind Fritz und seine Kinder, wobei der Vater vor allem den Söhnen und weniger der Tochter erzieherische Aufmerksamkeit zukommen lässt, wie die Tagebucheintragungen dokumentieren.

Vater Fritz von Zeppelin, später von seinem Sohn Ferdinand als unermüdlicher Landwirt beschrieben, dosierte sein persönliches Tagespensum: Neben der harten Gutsarbeit kamen seine geistigen und geselligen Neigungen nicht zu kurz. Vor allem im Frühjahr arbeitete der Graf selbst tatkräftig mit, setzte Jungpflanzen, topfte Vorgezogenes um, säte Dahlien, ja sogar Melonen in der eigenen Blumengärtnerei. *„Viel Gartenarbeit. Ich war so ermattet und schläfrig"* oder *„Arbeiten aller Art. Sehr ermüdet"* notierte er anschließend in seine Kladde.[29] Der Herr Graf kümmerte sich um den Absatz seines Weines: *„Der 1846er scheint etwas ölig zu werden. Weißer Tischwein"*, verkaufte für einige Gulden ein Waldstück, leitete selbst das Heuen und erntete im August 1845 stolz die ersten Melonen aus eigenem Anbau. Weniger euphorisch widmete sich der Gutsherr der administrativen Führung seines Unternehmens. Über die Erstellung des kameralistischen Jahresabschlusses notierte er am 12. Mai 1845 entnervt: *„Ganzen Tag Scripturen, um die Girsberger Rechnung einzurichten, was doch seyn muß, so widrig mir dieser Zeitverlust ist."* Auch am übernächsten Tag war er nicht weitergekommen: *„Allfort Schmierereien. Lorbeer und Granatbaum versetzt. Chrysanthemen."*

Zum Hof gehörten die Pächterfamilie und mehrere Knechte und Dienstboten. Zu Weihnachten begab sich der nach christlichem Verständnis zur Fürsorge verpflichtete Hausvater in die Stadt und besorgte für jeden Beschäftigten ein Weihnachtsgeschenk, beispielsweise warme Strümpfe für die Knechte. Wütend und enttäuscht aber reagierte der Patriarch, wenn das Personal die von ihm gesetzten Spielregeln verletzte. Im August 1846 scheint einer der Knechte mit mindestens zwei Mägden sexuelle Beziehungen unterhalten zu haben. Der sensible Gutsherr war tief enttäuscht. Auf den von ihm als solchem empfundenen Vertrauensbruch reagierte er offenbar psychosomatisch: *„Neuer Verdruss, Martin und die Mädge. Wie ekelt mich das an! Bei solcher Behandlung und Fürsorge nun Undank!"*

Und einen Tag später: *„Ich unwohl. Solches Leben – solcher Druck lastet zu widrig und beengend auf Geist und Körper. O um den lieben Frieden!!"*

Nach solchen belastenden Konflikten, denen der Aristokrat mit dem weichen Herzen nicht gewachsen war, zog er sich zuweilen einen Tag lang in seine Gemächer zurück und arbeitete an einem neuen Gedicht. Die Werke aus seiner Feder wurden im Freundeskreis vorgelesen, manche auch in Zeitungen gedruckt. Zu besonderen Anlässen vertonten Freunde aus dem bürgerlichen Sängerkreis „Bodan" einige Gedichte von Fritz, so zur Geburtstagsfeier des evangelischen Konstanzer Stadtpfarrers Julius Partenheimer im Jahr 1845.[30]

> *Heute gingen wir zusammen mit Catherine und der Kleinen spazieren. Wie froh das Kind über alles ist, was es sieht. Es ist wahrhaftig wahr, dass man in diesem lieblichen Geschöpfchen wieder jung wird und gleichsam ein doppeltes Leben erhält.*
>
> Tagebucheintrag von Fritz von Zeppelin über seine Tochter Eugenie, März 1839

Schloss Bodman. Mit Baron Siegmund von Bodman zog Fritz von Zeppelin leidenschaftlich gern auf die Jagd.

Der Laubfrosch № I

II Jahr 1849

Abonementspreis monatlich 4 x wöchentlich 1 x

Freitag, den 14. December

Der Girsberger Rexenkrieg.

Wer hat schon von vielen Schlachten
Die die alten Völker machten,
Doch wie die unter Allen
Ist noch keine vorgefallen.
Jeden Tag zweimal
Nach dem lieben Mittagsmahl
Pflegen sich denn nach den Sternen
Mit Kronen von Nesseln und Dornen
Unsere Eltern, und wie die Schwalb fliegen
Die Rexeltern in großen Bogen.
Und wenn die Lumbanden nicht besser
Pieseren gleich hinter den Ofen
Die ... bald da, bald da bald dort
... fort
... Larger
... wird nur ...
... Eugenie ... monatlicher Redacteur.

Ich sitze war ein schlimmer ...
Sehr grimmig war der Her...
Und die Schranken waren ...
Für die ganze Nachbarschaft
Wann die Krieger zu uns kam
Und den Leuten Rexeln...
Da mußten sich die Menschen ...
Damit die Noth nicht sollt ver...
Ach und die liebe Großmam
Die war oft beim Krieg da
Die mußte denn aber fliehn
Unter Stuhl und Kanone

Anmerkungen meiner ...
Ich bitte meine Leser ...
Heißt nur Verzeihung, ver...
Herzwegen der Kinderbad...
Blattschreiber noch manchen
Geschäfte halten ...
... Buch werden ...
... nicht übel nehmen ...

Die Hauszeitung auf Schloss Girsberg: Unter der Redaktionsleitung von Tochter Eugenie entstanden mehrere Ausgaben des „Laubfrosch".

ERZIEHUNGSZIEL:
„NICHT
SCHÜCHTERN,
ABER
bescheiden"

*I*m intensiven Umgang mit seinen Kindern fand Fritz von Zeppelin ein entlastendes Gegengewicht zur Leitung des Guts. Es herrschte eine locker vertrauliche Atmosphäre zwischen Eltern und Kindern. Hauslehrer Moser fasste in seinen Lebenserinnerungen das eigene und das im Hause Zeppelin angetroffene modern anmutende Verständnis von Kindererziehung zusammen: *„Lasse man die Kinder getrost möglichst viel um die Eltern sein, auch wenn Besuche da sind, und erst wenn der Kinderlärm zu störend und ihre Ausgelassenheit zu übermütig würde, wäre es Zeit, sie vorübergehend in die Kinderstube zu verweisen. Nicht schüchtern, aber bescheiden; nicht frech, aber freimüthig; nicht übermüthig sollen die Kinder werden, aber sie sollen sich fühlen lernen. Sie dürfen und sollen ihr Selbstbewußtsein haben."* [31]

Die Tagebücher des Vaters belegen, dass der Umgang mit Eugenie, Ferdinand und Eberhard diesen Maximen entsprochen haben muss. So widmete sich Vater Zeppelin ab Juli 1845 der Schwimmausbildung seines ältesten Sohnes. Täglich spazierte er mit ihm und dem kleinen Eberhard in die Konstanzer Badeanstalt vor dem Hafen und erteilte dem Sohn selbst Unterricht. *„Ferdi zum erstenmal an der Leine"*, notiert Vater Fritz am 10. Juli, zwei Tage nach Ferdinands siebtem Geburtstag. Im Tagebuch vermerkte er in einer Strichliste exakt die erteilten Schwimmstunden. Am ersten August absolvierte der gelehrige Schüler den ersten Sprung vom Turm und am 18. August legte er die 15minütige *„Kleine Schwimmprobe"* ab. Beide Jungen erhielten adliger Tradition folgend auch Fechtunterricht. Reiten lernen durfte auch das Mädchen Eugenie, der Vater schenkte den Kindern hierzu ein Pony. Im selben Sommer stand eine zweitägige Wanderung in den Bergen des Appenzells auf dem Programm. Fritz und Ferdinand übernachteten, vom Gewitter überrascht, im Heu. Die Kraftprobe für den Kleinen ging zur Zufriedenheit des Vaters aus: *„Ferdi hält sich gut"*, heißt es unter dem Datum des 29. Juli 1845 im Kalender. Zwei Jahre später setzte der Vater den Sohn auf den Kutschbock, weil der Fahren lernen sollte. Im Garten wurden Scheiben aufgestellt. Eberhard und Ferdinand sollten auf künftige Jagdabenteuer vorbereitet werden. Am 21. November 1848 war es soweit: *„Ferdi schießt einen Hasen"*, vermeldete der Kalender.

Schloss Gottlieben gehörte nach 1842 dem Grafen von Beroldingen, Mitglied des württembergischen Hofadels, eng befreundet mit den Zeppelins.

Vater Zeppelin selbst war der Jagdleidenschaft eifrig ergeben: Er war selbst Pächter mehrerer Reviere in der Nähe von Konstanz, und er versäumte kaum eine Einladung des regionalen Adels zur Jagd. Der Telegrammstil auf dem losen Blatt eines undatierten Tagebucheintrags verrät die Fülle der Erlebnisse in Wald und Flur: „*Nach Bodman. Prinz Salm dort. Mittags in den Halden ob dem See getrieben. Kein Schuss. Abends Gesang. Baron Enzberg. Jagd in Ludwigshafen (...). Ich schieße ein paar Haasen. (...) Jagd im Begenthal wegen Unwetters aufgegeben. Mit Douglas und Salm im Bodmaner Wagen heim. Um 1 Uhr in Konstanz. Suppe bei Moritz gegessen. Um 2 Uhr zu Hause. Kinder Gottlob wohl.*"

Ferdinand, der ältere seiner Söhne, ist acht Jahre alt, als der Vater ihm regelmäßig Lateinunterricht erteilt. Dem sechsjährigen Eberhard wird eine Schiefertafel gekauft, die Ausgabe hierfür, wie alle täglichen Einnahmen und Ausgaben, im Kalender registriert. Im Herbst 1847 folgt für Ferdi der Englischunterricht. Im Winter dieses Jahres bricht der Achtjährige in einem zugefrorenen Teich ein. Er rettet sich, indem er mit kräftigen Zügen an Land schwimmt. Zeppelins Biografen haben diese von ihm selbst berichtete Episode häufig als Beleg früher Abhärtung und Vorbereitung auf spätere militärische Großtaten angeführt. Die Eltern konnten dem Vorfall nichts Heroisches abgewinnen. Friedrich notierte: „*Ferdinand wird uns durch Gottes Gnade aus großer Lebensgefahr errettet. Er fällt mittags 4 Uhr angezogen in Anderwalds Weiher. Rettet sich durch schwimmen. Gottlob ohne schlimme Folgen.*" **32**

Fehlverhalten scheinen die Eltern nicht mit körperlicher Züchtigung quittiert zu haben. Dem Postulat pietistischer Selbsterforschung folgend, wird dem fehlbaren Kind ins Gewissen geredet: „*Eberhard gegen die Großmutter ungehorsam. Er fügt sich willig und reuig meiner Zusprache ohne Zwang und Strafe*", hält der Vater im Juli 1846 fest. Sonntags spazierten die Zeppelins gemeinsam zur evangelischen Kirche. Bei Tisch wurde gebetet, auch abends nach dem Zubettgehen. An Weihnachten schmückte die Familie gemeinsam den Christbaum, zu Ostern versteckte man bemalte Eier und fiel der traditionelle Aprilscherz in der Familie einmal aus, notierte Fritz – wie im Jahre 1845 – enttäuscht: „*Nicht einen einzigen Aprilscherz ausgeübt.*" Man unternahm Fahrten mit der noch neuen Dampfschifflinie über den Bodensee, fuhr mit den Kindern Zug und nahm sie auf mehrwöchige Reisen zur Stuttgarter Hofgesellschaft oder zu Verwandten mit, etwa zur Familie von Planta-Reichenau in Graubünden.

Fritz von Zeppelin wie auch seine Frau Amélie waren, wie schon festgestellt, begeisterte Leser. Da er seine Lektüre zeitweise akribisch in den Tagebüchern auflistete, ist nachvollziehbar, welche geistigen Anregungen der damals knapp 40Jährige bezog. In den Jahren bis 1850 las er vor allem die französischen Zeitgenossen: Alexandre Dumas, die Schriftstellerin George Sand und Honoré de Balzac waren seine Lieblingsautoren. Auch Lord Byrons Gedichte, Berthold Auerbachs 1843 erschienenen „Schwarzwälder Dorfgeschichten" und der 1844 publizierte Konstanzer Schlüsselroman „Fridolin Schwertberger. Bürgerleben und Familienchronik aus einer süddeutschen Stadt" von Carl Spindler standen auf seinem Leseplan. In seinem Stammlokal, dem nahe an der Grenze gelegenen „Falken", diskutierten die Honoratioren der Stadt denn auch aufgeregt über das ironisch genaue Zeitbild, das Spindler von der Konstanzer Gesellschaft gezeichnet hat.[33] Später las er Karl Leberecht Immelmanns 1839 erschienenen „Münchhausen", Werke von Ludwig Bauer und Eduard Mörikes schon 1832 gedruckten Roman „Maler Nolten". Als die radikalen Demokraten in Baden die Abschaffung von Monarchie und Adelsprivilegien forderten, nahm sich der zugleich eingeschüchterte und erbitterte württembergische Graf das Buch eines gewissen Dr. Braun zur Hand, das den Titel trug „Tod lieber als des Volkes Knecht". Nicht nur den Hauslehrer Moser, der den Leseeifer des Grafen beschrieben hat, auch seine Kinder hielt Fritz von

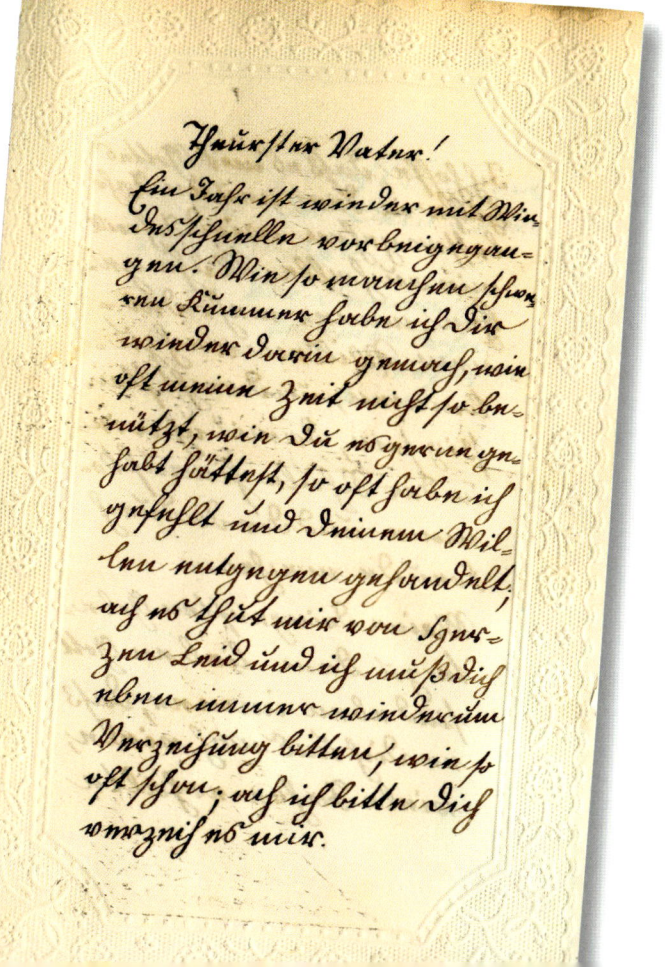

„...so oft habe ich gefehlt": Vom Hauslehrer veranlasster reuevoller Geburtstagsbrief des jüngsten Sohnes Eberhard, um 1850.

Jagdschein des Grafen Fritz von Zeppelin für das Jahr 1850.

Zeppelin zur fleißigen Lektüre an. Die Herausgabe einer eigenen Hauszeitung und der Dialog der Kinder untereinander in persiflierenden Ritterversen belegen, dass die Bücher im Haus nicht ohne Wirkung blieben. Fritz selbst aber bezog aus Byrons und Mörikes Gedichten Anregungen für die eigene literarische Arbeit, deren Produkte schwelgerische Naturbetrachtung und christlich gestimmte Hoffnungslyrik waren.

Es ist zu vermuten, dass die aufgeklärten Eltern Zeppelin ahnten, in welchem Maße ihre Söhne auf geistige Anregung und Bildung und auf Erfahrungswissen angewiesen sein würden, wollten sie in den wirtschaftlichen und politischen Umbrüchen ihrer Zeit als Erwachsene eine auskömmliche berufliche Existenz begründen. Der „innere Lehrplan" des Vaters schien deshalb darauf ausgerichtet, den Söhnen früh praktische Lebenserfahrung zu vermitteln. Die erstgeborene Eugenie freilich war von diesem sowohl bürgerlich-aufgeklärten als auch adelig-traditionellen Bildungsprogramm weitgehend ausgeschlossen. Hauslehrer Robert Moser hat das ganzheitliche Erziehungskonzept der Zeppelins in seinen Erinnerungen knapp und treffend charakterisiert: „*Unter dem Einfluß der bevorzugten socialen Stellung und einer Erziehung, bei der die einzelne Persönlichkeit zu ihrer vollen Geltung kam, bildete sich früh eine Selbständigkeit, ein offenes, freimüthiges Wesen, und eine Sicherheit im Benehmen, die ich bewundern mußte. Der Hauptschmuck aber war bei allen die Entwicklung eines religiös sittlichen Charakters, die schon damals zu den schönsten Hoffnungen für das Mannesalter der Zöglinge berechtigte.*" [34]

Auch hier dominierte die männliche Sicht: Eugenie blieb ausgespart, spielte keine große Rolle in den Erziehungserwägungen des Vaters, folgerichtig wurde sie von Moser auch nur anfangs und in einigen Fächern mitunterrichtet. In späteren Jahren und bis ins hohe Alter aber war gerade sie es, die neben Ferdinands Frau Bella zur zentralen moralischen Instanz und wichtigsten Bezugsperson im Leben ihres Bruders Ferdinand werden sollte.

Das enge Verhältnis der Geschwister zueinander resultierte auch aus der relativen Isolation, in der die drei Kinder aufwuchsen. Wie Ferdinand von Zeppelin in seinen Lebenserinnerungen berichtet, hatten er und seine Geschwister so gut wie keinen Umgang mit anderen Kindern gehabt.³⁵ Sie besuchten keine öffentliche Schule, hatten vielmehr einen eigenen Hauslehrer und eine Gouvernante. Vater Fritz bestimmte auffällig oft auch das Freizeitprogramm seiner Kinder. Schließlich fand in den eigenen vier Wänden wohl aus Rücksicht auf die kränkliche Mutter wenig gesellschaftlicher Verkehr mit Freunden und Bekannten aus der Nachbarschaft statt. Zwar besuchte die Familie nahezu wöchentlich die benachbarten Adelsfamilien, etwa die Scherers auf dem nahen Schloss Castell. Doch dort herrschte während des Soupés ein höfisch vornehmer Ton. Man sprach französisch und legte Wert auf gediegenes Benehmen.

Mit der Kutsche oder zu Pferd gelangte man zu den Schlössern und Landsitzen der Bonapartisten und spleenigen Nachbarn: Etwa zum alten General Marquis de Crenay auf Louisenberg bei Mannenbach, zur schillernden Lady Temple auf Salenstein, oder zu ihrem Landsmann Joseph Martin Parry, der aus der bankrotten Napoleoniden-Pension des Obersten Denis Charles Parquin auf Schloss Wolfsberg ein Mustergut gemacht hatte. Auf Schloss Mainau saß die Familie des schwedischen Hofbeamten Graf Carl Israel Douglas, mit dem Fritz gelegentlich zur Jagd aufbrach. Im alten Landhaus „Grüntal" unterhalb von Schloss Castell verbrachte Großmutter Pauline von Zeppelin die Sommermonate und die Familie des russischen Staatsrats August von Stoffregen, der Fritz' Schwester Mathilde geheiratet hatte, kam in die Sommerfrische. Ab und an erschienen einige Honoratioren aus dem Thurgau und aus dem nahen Konstanz, so der liberale Münsterpfarrer und

Schloss Hard in Ermatingen (im 20. Jh. abgebrochen), Wohnsitz des Ex-Generals Effingham Thomas Lindsay und seiner Frau Mina. Beliebter Treffpunkt der regionalen Oberschicht.

Treuer Jagdbegleiter: Oberförster Ferdinand Halm begleitete Fritz von Zeppelin viele Jahre.

Gelegenheitsdichter Sylvester Kotz, Baron Sigmund von Bodman oder Offiziere der Schweizer Armee. Gleichaltrige Kontakte ergaben sich aus diesem ganz auf den Vater bezogenen Umgang kaum. Da lebte zwar der kleine Max Graf Kanitz auf Castell, die drei Söhne des Schweizer Majors Sutter aus Zoffingen kamen zu Besuch oder die Kinder des Konstanzer Bezirksförsters Ferdinand Halm, ein Jagdfreund des Vaters. Aber engere Freundschaften scheinen die drei Zeppelin-Kinder, soweit die Quellen überliefert sind, nicht geschlossen zu haben. Andererseits trafen sie, weil man sie überall hin mitnahm, schon in jungen Jahren auf ganz unterschiedliche Lebenswelten und Mentalitäten: Hier die nostalgisch-schrulligen napoleonischen Emigranten, die von alten Schlachten schwärmten, in Konstanz entschiedene Industrialisierer wie Gabriel Herosé oder Onkel Moritz Macaire und in der Schweizer Nachbarschaft liberale Politiker und Pfarrer, die deutliche Sympathie für die republikanische Freiheitsbewegung von 1848/49 zeigten.

Selbst auf Kneipentouren nach Konstanz nahm Fritz von Zeppelin die Söhne Ferdinand und Eberhard zuweilen mit. Das Landwirtsdasein und die ewige stille Idylle scheinen den Grafen auch gelangweilt zu haben: Manchmal rückte er zwei, dreimal die Woche aus, um sich im Club der „Casinogesellschaft" mit Herren seines Standes zu unterhalten oder in den Konstanzer Bierlokalen an lautstarken Debatten teilzuhaben. In seinem Tagebuch hat Fritz die Kneipengänge zeitweise akribisch notiert. Der „Falken" und der vornehmere „Goldene Adler" tauchen auf, ebenso die einfache Bierkneipe „Sackgarten" oder das idyllisch am Seeufer gelegene „Käntle". Meist waren es musikalische Frühschoppen, an denen Ferdinand und manchmal Eugenie teilnehmen durften: *„Mit den Großen im ‚Falken' (…) Musik. Ferdi gibt sich als Landmann zu erkennen."* **36**

Eine große Zeit brach für Fritz von Zeppelin während der Fasnachts- und Ballsaison an: Mehrere Jahre lang oblag ihm als dem Haus- und Hofdichter der „Casinogesellschaft" die Gestaltung von Possen, Satiren und lebenden Bildern,

Lebemann: Baron von Fingerlin, Spross einer Textilhändlerfamilie in Lyon und Arbon, mit stattlichem Palais in Konstanz.

Großmutter Pauline von Zeppelin in mittleren Jahren. Miniatur aus dem Nachlass ihres Enkels Ferdinand.

die während der Bälle und Redouten dargeboten wurden. Hier erwies sich die humoristische Begabung des Gelegenheitsdichters und Schauspielers. Von einigen seiner Produktionen sind zumindest die Programmzettel überliefert. Zu einem „Maskenspiel" Anfang der 1840er Jahre schrieb und inszenierte Zeppelin gemeinsam mit dem Maler Joseph Mosbrugger, Schwager Moritz Macaire und dem Kaufmann Nenning die Posse *„Lord Melwourme and family from England"*. Im Februar 1846 lautete der Titel einer Bühnenproduktion *„Große Gesangsaufführung von vier preußischen Tyrolern"*.[37]

Sein Zorn kennt oft keine Grenzen und entbrennt in der Regel ganz grundlos an Bagatellen und Kleinigkeiten wobei er es nicht blos Ferdinand handgreiflich genug fühlen läßt, daß ihm etwas über die Leber gegangen ist, sondern auch seine Ehrerbietung gegen mich mehr hintansteht, als es sich von seiner in der That vorhandenen Liebe zu mir erwarten ließe.

Hauslehrer Robert Moser (1826 – 1912) über Eberhard, den jüngeren der Zeppelin-Söhne.

„Revolutionäre
UMTRIEBE"
UND
DER GRAF

Während der revolutionären Ereignisse im Frühjahr 1848 stand der Graf trotz seiner Kontakte auch zu republikanischen Köpfen der Stadt ganz auf der Seite der Staatsgewalt. Sein Vater hatte als württembergischer Minister nach dem Sturz Napoleons an der politischen Architektur der Restaurationszeit mitgewirkt. So modern Fritz von Zeppelin in Erziehungsfragen dachte, das überkommene monarchische System galt ihm als verlässliche und gottgewollte Ordnung. Sein Tagebuch, in das nun auch Amélie einige Einträge machte, lässt erkennen, wie sehr das Paar während der revolutionären Erhebungen den Sieg der alten Mächte erhoffte.

Ein badischer Revolutionär von 1848. Karikatur aus der Feder des Konstanzer Baumeisters Gagg.

Während der Tage des revolutionären Zugs der Freischärler unter Friedrich Hecker im April 1848 von Konstanz nach Karlsruhe erwartete Fritz von Zeppelin ungeduldig den Sieg der Bundestruppen über die aufständischen Demokraten und auf ein Ende der *„revolutionären Umtriebe"*. Zu Beginn des schicksalhaften Jahres, als auf Volksversammlungen so offen und freimütig wie nie zuvor über Freiheitsrechte und staatliche Einheit debattiert wurde, hatte sich bei den Zeppelins noch keine Beunruhigung bemerkbar gemacht. Während arbeitslose Handwerker in Baden hungerten, hielt Vater Zeppelin im Tagebuch fest, er habe eine Gänseleberpastete geschenkt bekommen, die nun im Freundeskreis genussvoll verspeist werden sollte. Mit Freude vermerkte er, dass Schwager Moritz Macaire eine 5-prozentige Verzinsung der Familienanlagen für 1848 zugesagt habe. Im Februar verzeichnet das Tagebuch den ersten Hinweis auf die Unruhen in Paris, gleichwohl besuchte der Vater mit seinen Kindern den Kinderfasnachtsball im Konstanzer „Bürgermuseum". Dann stand eine Jagd mit dem Dorfbürgermeister von Wollmatingen an. Nach der erfrischenden Jagd sei das Unwohlsein nach dem Genuss der Gänseleber endlich gewichen, vermerkte der Tagebuchautor. Im März stürzten in mehreren deutschen Ländern die konservativen Regierungen, der Ruf nach Volksrechten und Verfassungen wurde lauter. Dann, Anfang April, erfasste der Landadelige im Thurgau den Ernst der Lage: Am 13. April, es war der erste Tag des Hecker'schen Freischarenzugs, hielt er fest: *„In diesen*

Ein echter Demokrat: Dr. med. Eduard Vanotti, obwohl überzeugter Republikaner, doch mit dem Grafen Zeppelin befreundet.

und den meisten folgenden Tagen treibt mich die Ungeduld und Begier nach Neuigkeiten und Nachrichten über diese wichtige Zeit täglich oft zweimal nach Constanz. Von Ruhe an Geist und Körper kann keine Rede jetzt seyn." [38]

Der improvisierte Freischarenzug scheiterte kläglich, doch nun trug Fritz von Zeppelin alle gedruckten Nachrichten über die Zeitereignisse zusammen. Jahre später fanden Zeitungsausrisse, Anordnungen der Besatzungstruppen und Notate den Weg auf die Seiten der Familienchronik. Als nach der Niederschlagung des republikanischen Aufstands bayerische Truppen die Stadt besetzten und das Kriegsrecht über den Seekreis verhängt wurde, eilte der erleichterte Graf mit seinen Söhnen zur Parade der Invasoren. In der Familienchronik findet sich der Erlaubnisschein des preußischen Stadtkommandanten von Willich, der Zeppelins Dienerschaft gestattete, die Stadttore und Wachen auch nachts ungehindert zu passieren.[39]

Nach dem zweiten badischen Aufstand im Jahr darauf rückten erst hessische, im Herbst preußische Truppen nach Konstanz ein. Nun wurde das Haus Macaire mit 50 Soldaten belegt. Mehrere der bisherigen Bekannten und einige verlässliche liberale Partner aus den gemeinsamen kommunalen Modernisierungsprojekten mussten fliehen oder wurden arretiert. Die liberale Ära war zu Ende, Bürgermeister Hüetlin verlor sein Amt, der über die Stadt verhängte Kriegszustand dauerte bis zum September 1852. Die Familien Zeppelin und Macaire scheinen den Anbruch einer neuen politischen Eiszeit jedoch nicht bedauert zu haben. Fritz von Zeppelin sammelte vielmehr neue Visitenkarten: Auf Abendgesellschaften lernte er die preußischen Besatzungsoffiziere kennen und pflegte fortan gesellschaftlichen Umgang mit ihnen. Schließlich war er sogar stolzer Mitgastgeber in der „Casinogesellschaft" beim Besuch des „Kartätschenprinzen" und späteren deutschen Kaisers, Wilhelm von Preußen, dem brutalen Unterdrücker des Volkaufstandes.

Konstanz, 13. April. Morgens ein halb 7 Uhr Generalmarsch. Alles strömt der Marktstätte zu. Ein Theil der Bürgerwehr erscheint bewaffnet. Hecker und seine Freunde treten vor die Fronte. Um 7 Uhr marschieren ohngefähr 50 Mann unter Heckers Kommando zum Rheintore hinaus zunächst nach Radolfzell und Stockach. Wo auch eine Abtheilung aus Überlingen zu ihnen stoßen wird.

Notiz der "Konstanzer Zeitung" über den Beginn des Hecker-Freischarenzugs am 13. April 1848 Richtung Karlsruhe

PIETISMUS
UND
MATHEMATIK:
Schule
IM
ELTERNHAUS

*I*m Winter 1848 entschlossen sich Fritz und Amélie von Zeppelin, ihren nun zwölf-, zehn- und sechsjährigen Kindern regelmäßig Unterricht erteilen zu lassen. Schreiben und etwas Rechnen hatten sie bereits in den Privatstunden des Emmishofer Dorflehrers gelernt. Doch der dazu engagierte Hauslehrer Kurz, der im Jahr darauf seinen Dienst antrat und sogleich von Vater Zeppelin auf die Truppenmusterung der Besatzungstruppen nach Konstanz mitgeschleppt wurde, hielt nicht, was die Empfehlungen versprochen hatten: Zwar liebevoll im Umgang mit den Kindern, fehlte es ihm – den Erinnerungen der Beteiligten zufolge – an der nötigen Durchsetzungskraft gegenüber den selbstbewussten Grafenkindern.

Der junge Theologe Robert Moser, seit 1850 Hauslehrer bei Zeppelins.

Ab August 1850 übernahm deshalb der schwäbische Pfarrvikar Robert Moser die Stelle des Hauslehrers. Der damals 24jährige, aus einer pietistischen Pfarrersfamilie stammende Theologe vertrat die bürgerlichen Ordnungsideen der Zeit: Wissenschaftliche und praxisnahe Bildung, individueller Freiheitsanspruch und protestantisches Leistungsbewusstsein waren die Eckdaten seines pädagogischen Programms. Der persönliche Gottesbezug und die regelmäßige Gewissensforschung bei hohen sozialen Wertmaßstäben prägten zudem das theologische Weltbild des angehenden Pfarrers. Klug verstand es der nach 1848 vom preußischen Hegemonieanspruch überzeugte Protestant, zwischen dem bürgerlichen Emanzipationsstreben und dem adeligen Standesbewusstsein der traditionsgebundenen württembergischen Familie Zeppelin zu vermitteln: *„Ich war aristokratisch genug, um die berechtigte Tradition des Adels zu respektieren, aber auch bürgerlich genug, um bei dem Umschwung der Verhältnisse, der sich eben damals vollzogen hatte, die Gemüter mit der neuen Zeit zu versöhnen und an die Achtung allgemeiner Menschenrechte und an die Pflege einer vernünftigen Humanität zu gewöhnen."* [40]

So hatte auch Ferdinand verborgene Wüstigkeiten, die kein Mensch von dem unschuldigen Knaben geglaubt hätte und die ich, wie er mir letzthin unter Tränen bekannte, erst seit meinem Hiersein, besonders seit meinem Religionsunterricht als Sünde aufs Herz gefallen und wegen deren er schon oft seither Gott um Verzeihung gebeten.

Hauslehrer Robert Moser 1852 an die Großmutter der Kinder, Pauline von Zeppelin

Mit der neuen Aufgabe als Privatlehrer für zwei acht- und zwölfjährige Jungen konnte sich Moser gut anfreunden. In seinen Erinnerungen finden sich mehrfach Postulate der später erst populär gewordenen Landerziehungspädagogik: Unterricht in freier Natur, in hellen Räumen eines Landhauses, abseits vom „Gewühle des Stadtlebens", umgeben von Duft und Farbenpracht des Gartens – das müsse auf Geist und Körper, Gemüt, Humor, Elastizität und Kraft positive Wirkung haben.[41]

Der Unterricht selbst war am Lehrplan des Gymnasiums orientiert und nahm die beiden Buben täglich von 8 bis 12 Uhr und von 15 bis 19 Uhr in Beschlag. Doch legte Moser im Einvernehmen mit Vater Zeppelin mehr Gewicht auf die „Realien" und weniger auf die alten Sprachen: Mathematik, Botanik, Mineralogie, deutsche Sprache und Literatur – Schillers „Tell", „Wallenstein" und die „Jungfrau von Orléans" standen auf dem Lehrplan – dominierten das Curriculum. Moser wollte individuelle Fähigkeiten freisetzen, er trainierte Lernfähigkeit und selbstständiges Arbeiten, schuf Gegengewichte, indem er mit den Kindern zum Baden ging, ausgedehnte Wanderungen unternahm und sich in langen Gesprächen ihren Fragen stellte. Sie hatten aber auch Stilübungen zur Verbesserung des schriftlichen Ausdrucks und „Deklamationsübungen" in freier Rede zu absolvieren. Der Vater besuchte mit den beiden Buben Konstanzer Handwerksbetriebe, um ihnen praktische Anschauung zu vermitteln, und er ließ Hauslehrer Moser den Unterricht teilweise auf Französisch halten.

Ferdinand von Zeppelin vornehm kostümiert für einen Hofball zur Faschingszeit in Stuttgart.

Denn es ging nicht nur um ein Konzept der Wissensaneignung. Moser verstand seine Arbeit auch als dezidert evangelischen Erziehungsauftrag. Charakterfestigkeit, Selbstverantwortlichkeit und Leistungswillen sollten über das persönliche Glaubenserlebnis motiviert werden. So kamen dem Religionsunterricht, den Hausandachten, dem täglichen Gebet und dem Kirchgang besondere Bedeutung zu. Ein Hofmeister, der keinen Religionsunterricht gebe, sei wohl Lehrer, nicht aber Erzieher, erklärte Moser. Der Zwang zu Offenheit und Aufrichtigkeit, der konstante Druck, auch kleine Geheimnisse den Erwachsenen preiszugeben, erzeugte bei Ferdinand – wie zahlreiche Quellen belegen – ein latentes Schuldgefühl: Leicht war der Junge zu Tränen gerührt und von eigenem Fehlverhalten tief betroffen zog er sich zum Gebet auf den Dachboden des Schlosses zurück. Sein jüngerer Bruder Eberhard dagegen setzte sich, wie briefliche Berichte zeigen, gegen die sanfte Zudringlichkeit pietistischer Gewissensdurchleuchtung heftig zur Wehr. Von den drei Geschwistern sollte er auch als Erwachsener der konfliktfreudigste bleiben.[42]

Für das Mädchen Eugenie galt der auf spätere Bewährung im Berufsleben abzielende Bildungskanon der Jungen nicht. Die inzwischen 14Jährige nahm am Unterricht nur noch sporadisch teil. Sie erhielt ab 1851 mit Sophie Falkenstein eine eigene Gouvernante. Mosers Erinnerungen zufolge, hatte sie die Aufgabe, Eugenie in Konversation, Fremdsprachen, Malen, Musik, Etikette und Hausarbeit zu unterweisen und damit auf die vorbestimmte Rolle als Ehefrau, Mutter und adelige Gastgeberin vorzubereiten.

Moser wollte seinen Schülern nicht nur Lehrer, sondern auch *„Gehilfe ihrer Freude"* und *„Bundesgenosse ihrer Spiele"* sein. Vater Zeppelin bezog seinerseits den jungen Lehrer ins Private mit ein: Er nahm ihn mit auf seine nächtlichen Lokalrunden und brachte dem Vikar das Zigarrenrauchen bei. Auf den nächtlichen Fußmärschen aus der Stadt zum Schloss zurück sei es sogar zu freundschaftlichem Gedankenaustausch gekommen, wie Moser später dankbar berichtet.

Bester Vater! Ich wünsche Dir viel Glück zu Deinem Geburtstagsfeste und ich will nie lügen und immer brav sein. Dein Eberhard.

Selbst diktiert am 29. November 1846.

Geburtstagsbriefchen des vierjährigen Eberhard an seinen Vater Fritz von Zeppelin

DAS LANGSAME *Sterben* DER MUTTER

So ist der vertraute Hauslehrer ein wichtiger Helfer, als sich im Laufe des Jahres 1851 der Gesundheitszustand Amélies von Zeppelin drastisch verschlechterte. Bereits seit 1848 hatte Amélie, wie das Tagebuch ihres Mannes dokumentiert, immer wieder Schwächeanfälle bekommen. Der Hausarzt setzte der ohnehin schon Geschwächten Blutegel an, rieb sie mit Kräuteressenzen ein und verschrieb Weinsteinlimonade. Nach heutiger Beurteilung der Symptome scheint es wahrscheinlich, dass die junge Frau an Tuberkulose litt. Möglicherweise hatte sie sich durch den Genuss infizierter Kuhmilch oder durch Einatmen infektiöser Tröpfchen im Umfeld von tuberkulosekranken Arbeiterinnen der Macaire'schen Fabrik angesteckt. Molkenkuren im Appenzell, die Hoffnung auf stärkende Wirkung einer Luftveränderung und Schildkrötensuppe als Heilmittel illustrieren die Hilflosigkeit der damaligen Mediziner gegenüber der Krankheit. Schließlich reiste Vater Friedrich mit Amélie nach Montpellier, wo renommierte Prominentenärzte ihr zweifelhaftes Handwerk betrieben. Obwohl die Isolation der Erkrankten von den Gesunden damals schon als sinnvolle Schutzmaßnahme empfohlen wurde, nahm der Vater seine Tochter Eugenie und das Hausmädchen Sophie Falkenstein zur Pflege der Mutter mit auf die Reise. Hauslehrer Moser zog mit Ferdinand und Eberhard auf die Dominikanerinsel zu Onkel Moritz Macaire. Der Briefwechsel der Familie in jenen Monaten bis zum Tod der 36Jährigen – im Mai 1852 in Montpellier – dokumentiert auf anrührende Weise den langsamen Einbruch der Katastrophe in die bis dahin beschauliche Familienidylle. Das Auseinanderbrechen der Familie, das lange geahnte Ende und schließlich die Verlusterfahrung blieben nicht ohne Wirkung auf die weitere Entwicklung der Kinder. Ferdinand sprach nach dem Tod der Mutter eine Zeitlang davon, Missionar werden zu wollen. Der zehnjährige Eberhard reagierte mit Leistungsverweigerung auf den Verlust der Familienbasis.

Amélie von Zeppelin erkrankte an Tuberkulose und starb nach vergeblichen Bemühungen zweifelhafter „Kurärzte" in Montpellier.

ALS
„Exzellenz"
BEI HOFE: DIE STUTTGARTER JAHRE

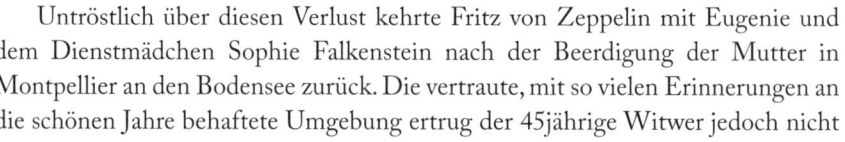

Unmittelbar nach dem Tod seiner Frau hatte Fritz von Zeppelin zur Feder gegriffen und in einem Eilbrief dem Hauslehrer der Söhne die Todesnachricht übermittelt. Fassungslos schrieb er: *„Eben nahm ich den letzten Abschied von ihr, die siebzehn Jahre das Glück und die Sonne meines Lebens war, von ihr, der Mutter meiner Kinder, von ihr, der in Freud und Leid stets treu befundenen Gefährtin."* [43]

Großmutter Pauline von Zeppelin als alte Dame. Zur Linderung ihrer Gichtschmerzen trägt sie lederne Handgamaschen.

Untröstlich über diesen Verlust kehrte Fritz von Zeppelin mit Eugenie und dem Dienstmädchen Sophie Falkenstein nach der Beerdigung der Mutter in Montpellier an den Bodensee zurück. Die vertraute, mit so vielen Erinnerungen an die schönen Jahre behaftete Umgebung ertrug der 45jährige Witwer jedoch nicht mehr: Wenige Monate nach der Rückkehr gab er die bisherige Heimat der Familie auf, setzte einen Pächter auf das Gut Girsberg und siedelte mit Hauslehrer Robert Moser und den Kindern zuerst nach Cannstatt und bald darauf nach Stuttgart um.

In Cannstatt und Stuttgart endeten die Kinderjahre der drei Zeppelins. Die wechselseitige Korrespondenz wurde nun zum Hauptkommunikationsmittel der Geschwister. In ihren Briefen manifestiert sich über Jahrzehnte hinweg die tiefe Liebe zueinander und die Geborgenheit, die sie im Kreis der Familie empfanden. Zugleich sind viele Briefe Ausdruck leistungsmotivierender protestantischer Selbstprüfung, der sich die Drei auch im weiteren Verlauf ihres Lebens unterzogen.

Immer wieder klingen auch melancholische Erinnerungen an die Kindertage am Bodensee an. In einem auf Schloss Castell geschriebenen Brief an den auf der Kriegsschule leidenden Ferdinand, beschwört die 20jährige Eugenie die vergangene Zeit: *„Wenn wir könnten eine Weile zusammen in der schönen Heimat seyn, denn anders kann ich das schöne Land nicht nennen, das mich täglich an soviel Liebes aus vergangener Zeit erinnert und das mich immer wieder fesselt. Ebi sagte mir neulich auch,*

Die Exzellenz a. D. Graf von Zeppelin. Diese sehr private Aufnahme entstand im Freien, vermutlich auf Schloss Girsberg.

Gräfin Sophie von Maucler, eine Verwandte aus der Stuttgarter Hofgesellschaft.

halb freudig, halb traurig, als wir zusammen aus dem Fenster unsere Augen umherschweifen ließen: ‚S'ist halt doch nirgens so schön wie hier, da möchte ich immer bleiben dürfen.' Das habe ich auch schon oft gedacht und vollends wenn ich denke, wie gerne unsere gute Mutter hier war!" **44**

Möglicherweise hatten den immer wieder zu lebensklugen Entschlüssen fähigen Grafen aber nicht nur Trauer und Verlassenheit zum Rückzug aus der bisherigen Idylle bewogen. Als wacher Beobachter der gesellschaftlichen Entwicklungen seit der Aufstände von 1848/49 war sich Fritz von Zeppelin bewusst, dass sich seinen 14 und 10 Jahre alten Söhnen zwischen erinnerungsseligen Veteranen auf benachbarten Schlössern, der Macaire'schen Fabrik und dem wenig inspirierenden geistigen Klima der kleinen Provinzstadt Konstanz keine aussichtsreiche Zukunft eröffnen würde. Die materielle Grundsicherung von Vater und Kindern war durch das beträchtliche Erbe der Mutter und erwartbare weitere Gewinnbeteiligungen aus den Macaire'schen Unternehmungen gesichert. Doch weiter führende Schulen und berufliche Perspektiven im Militär, bei Hofe oder in der Staatsverwaltung ergaben sich für die nächste Generation dieser protestantisch-württembergischen Familie am ländlichen Bodensee nicht. Auch hätten sich im fast ausschließlich katholischen Adel der Region weder für die 16jährige Eugenie noch für Ferdinand und Eberhard angemessene Heiratspartien finden lassen. Die Annahme wird nicht ganz falsch sein, dass Fritz von Zeppelin bewusst zu den Kraftquellen der Familie zurückkehrte – in die unmittelbare Nähe des Stuttgarter Hofes.

Schon die Wahl der Wohnung in Stuttgart deutet an, wie der neue Lebenszuschnitt aussehen sollte: Fritz von Zeppelin beabsichtigte, ein standesgemäßes Leben im Einzugsbereich der Mächtigen aufzunehmen. Er mietete für sich und die Kinder eine acht Zimmer zählende Wohnung mit repräsentativen Salons, stellte zwei Hausbedienstete und für sich einen Diener an. Im offiziellen gesellschaftlichen Verkehr reaktivierte der bisherige Thurgauer Landmann seinen früheren Rang als ehemaliger *„Hohenzollisch-Hechinger Hof- und Regierungsrat"*. Später verhalfen ihm bei Hofe etablierte Verwandte zur Verleihung des Titels „Exzellenz". Damit waren seine Hoffähigkeit und der Zugang zu Veranstaltungen des Königshauses gesichert.

Der Name Zeppelin war in der Stuttgarter Adelsgesellschaft noch immer hoch angesehen und bestens vernetzt: Der jüngere Bruder Ferdinand Wilhelm diente der Königin Pauline als Kammerherr, ihr damaliger Obersthofmeister Graf Adolf von Taube war ein Vetter und enger Freund von Fritz. Emil von Maucler, ebenfalls ein naher Verwandter, stieg zum Kabinettschef des württembergischen

Königs auf. Die Minister von Varnbüler und von Hügel sowie Mitglieder der bei Hofe verkehrenden Adelsfamilien Cotta, Beroldingen, Gemmingen, Graevenitz, Enzberg, Koenig, Löwenstein, Salm, Seckendorff, Spitzemberg, Wächter, Wöllwarth und Wolfegg nahmen den charmanten Witwer vom Bodensee in ihren Salons gerne auf. Nach einer mehr als einjährigen Trauerzeit, in der Fritz von Zeppelin für sich und seine Kinder noch im November 1853 erklärt hatte, keine Weihnachtsgeschenke anzunehmen (der Gabentisch war dann ausweislich der üblichen Liste doch mit Geschenken beladen), öffnete sich der Neu-Stuttgarter auch dem geselligen Leben der Residenzstadt.[45]

Als kulturbegeisterter Schöngeist besuchte er regelmäßig die Aufführungen des Hoftheaters, wurde zu den Soirees der diplomatischen Vertretungen gebeten, war mit seinen Kindern in maßgeschneiderten Kostümen Gast der Karnevalsbälle des Hofes und nahm sogar seine alte Leidenschaft aus Fasnachtstagen, das Theaterspiel, wieder auf: In Liebhaberaufführungen im Palais des württembergischen Kronprinzen – dessen Adjutant sein Sohn Ferdinand später werden sollte – wirkte Fritz in Lustspielen und an so genannten „Lebenden Bildern" mit. Darin wurden Werke der Kunst wie „Die Kaisergruft zu Aachen" von Wilhelm von Kaulbach nachgestellt. Sein landespolitisches Interesse befriedigte Fritz von Zeppelin als Inhaber einer Jahreskarte für die Tribüne des diplomatischen Corps bei Besuchen in der Ersten Kammer des Landtags. Besonders geehrt fühlte er sich, wenn der König auch ihn in *„Frack mit schwarzer Halsbinde ohne Orden"* zu einem seiner geselligen *„Rauch-Abende"* einlud.[46]

Mit dem Umzug 1852 vom Bodensee nach Stuttgart begann für Eugenie, Ferdinand und Eberhard ein getrenntes Leben. Hauslehrer Moser verließ die Familie, um in den kirchlichen Dienst einzutreten. Eberhard und Eugenie blieben beim Vater. Während Eberhard ins Gymnasium kam, besuchte Ferdinand die oberste Klasse der Realschule, wohnte allerdings nicht mehr mit seinen Geschwistern zusammen. Er wurde 1853 gegen einen beträchtlichen Monatsbeitrag der erzieherischen Fürsorge des evangelischen Stadtdekans Mehl übergeben.

Das Neue Schloss Stuttgart. Die Zeppelins verkehrten häufig in der Hofgesellschaft des württembergischen Königs.

Vater Zeppelin, durch die Verpachtung des Girsberg beschäftigungslos geworden, pflegte neben den für die Zukunft seiner Kinder nützlichen und für ihn ehrenvollen Kontakten zum Hof vor allem seine Jagdleidenschaft und wurde zum überaus fleißigen Nutzer der königlichen Handbibliothek, zu der er privilegierten Zugang erhielt. Er las die russischen Dichter Turgenjew, Gutzkow und Samarow, lieh sich Werke von Charles Dickens, Théophile Gautier und Balzac aus und schätzte die deutschen Zeitgenossen Wilhelm Raabe, Eduard Mörike, Gottfried Keller und Theodor Storm. Besonders angetan hatte es ihm das Buch „Heideprinzeßchen" der Bestsellerautorin und „Gartenlaube"-Mitarbeiterin E. Marlitt (Eugenie John), Gustav Freytags Romanzyklus „Die Ahnen", einige Novellen des radikaldemokratischen Autors Friedrich Spielhagen und die kunsthistorischen Arbeiten des aus Konstanz stammenden Kritikers Friedrich Pecht.

Eugenie von Zeppelin als junge noch unverheiratete Frau.

Eine Frau hat es in Fritz von Zeppelins Leben, nach allem was wir wissen, nicht mehr gegeben. Anders als andere verwitwete Männer und Frauen aus seiner Familie suchte er nicht nach einer neuen Verbindung, Amélie sollte nicht ersetzt werden. Versuche wohlmeinender Freunde und Verwandte, ihn mit heiratswilligen Damen der Gesellschaft in Verbindung zu bringen, wehrte er ab. Durch viele Einträge und Dokumente seiner Familienchronik weht die fortdauernde Liebe zu seiner so früh verstorbenen Frau Amélie. Seine Lebensaufgabe sah er darin, den gemeinsamen Kindern bestmögliche Chancen in einer sich rasant wandelnden Gesellschaft zu bieten, in der vor allem die Söhne des besitzlosen Dienstadels nur durch Leistung würden bestehen können.

So zog in die restlichen 34 Jahre seines Lebens eine gewisse umtriebige Ruhelosigkeit ein: Aus dem schwärmerischen Gelegenheitsdichter, neugierigen Beobachter der Zeitläufte und Landwirt der Konstanzer Zeit war ein nach gesellschaftlicher Anerkennung gierender, überaktiver Netzwerker und dabei ängstlich besorgter Familienvater geworden. Er begleitete seine Kinder liebevoll, drohte ihnen aber durch seine zunehmende Kontrollneigung die Freiheit eigener Entscheidungen zu nehmen. Zugleich entzog Fritz von Zeppelin sich durch Jagdpartien und gesellschaftliche Anlässe zunehmend dem gemeinsamen Alltagsleben mit Eugenie und Eberhard. Vor allem für die 16jährige Eugenie war mit dem Tod der Mutter die Kindheit abrupt zu Ende gegangen: Immer mehr wurde sie in die Rolle des weiblichen Haushaltsvorstands gedrängt, und der Vater überließ ihr auch die Alltagsorganisation für die beiden jüngeren Brüder.

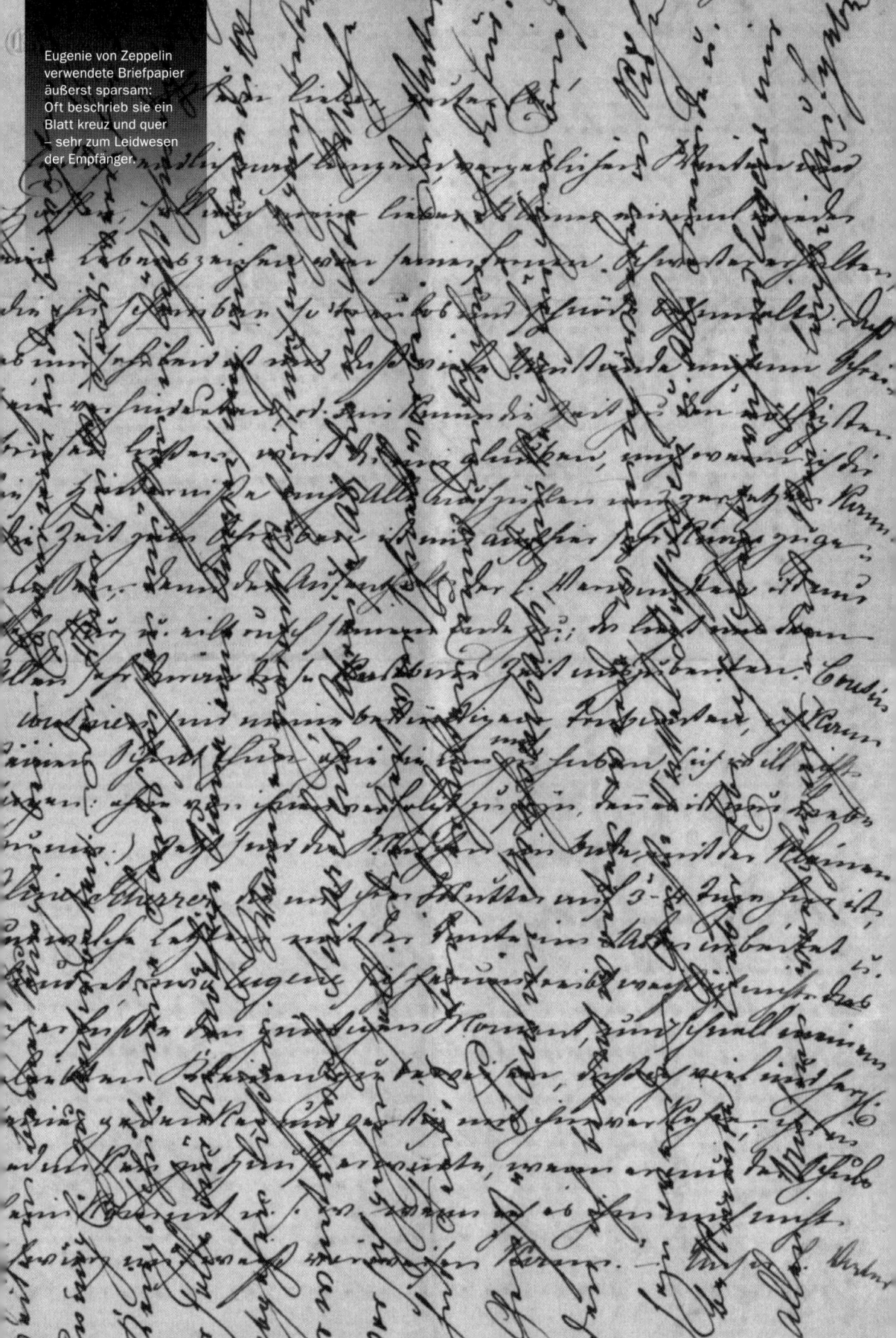

Eugenie von Zeppelin verwendete Briefpapier äußerst sparsam: Oft beschrieb sie ein Blatt kreuz und quer – sehr zum Leidwesen der Empfänger.

Das aus dem 18. Jahrhundert stammende Herrenhaus Castell der Familie von Scherer in Tägerwilen/Thurgau. Aufnahme um 1870 vor dem Umbau des Schlosses im Stil der Neu-Renaissance.

EUGENIE, DAS MORALISCHE *Gewissen* DER FAMILIE

So übernahm Eugenie bald mutterähnliche Pflichten. Sie kümmerte sich um die wöchentliche Wäschekiste, die Ferdinand zum Waschen und Bügeln ins Haus schickte, versorgte ihn mit kleinen Futterpaketen, als er im Oktober 1855 als „etatmäßiger Kriegsschüler" in die Königlich-Württembergische Kriegsschule in Ludwigsburg eintrat und kontrollierte nebenbei den schulischen Fleiß des jüngeren Bruders Eberhard. Unmittelbar nach dem Tod der Mutter hatte der Vater sie eine Zeitlang auf das „Töchter-Erziehungs-Institut" einer gewissen Frau Kleemann in Cannstatt geschickt, eine Privatschule zur Einübung frauenspezifischer Fertigkeiten in Haushaltung und Gesellschaft. Immerhin standen auf dem Lehrplan auch französische Stilübungen, Englisch, Naturlehre, Literatur und Geschichte sowie Klavierunterricht und Gesangsstunden. Darüber hinaus aber fand Eugenies schulische Bildung keine Fortsetzung.[47]

Als 17jährige Comtesse nahm sie jetzt schon an gesellschaftlichen Ereignissen der Stuttgarter Hofgesellschaft teil. Bälle, Hauskonzerte und mancher „Thé Dansant" bei befreundeten Adelsfamilien boten ihr Möglichkeit, sich in höfisch-städtische Verhaltensweisen einzuüben. Dennoch blieb noch über Jahre der Schmerz über die Auflösung der Familie und die Trennung von ihrem Lieblingsbruder Ferdinand ihr intensivstes Lebensgefühl. In Fortführung der Moser'schen Leitbilder wurde Eugenie zur vertrautesten Gesprächspartnerin und zum moralischen Gewissen ihres Bruders. Immer wieder bestärkte sie ihn in ihren Briefen, den Versuchungen des Lebens auf der Kriegsschule, später an der Universität, zu widerstehen und fest auf die Kraft seines Glaubens zu vertrauen. In ihren Ermahnungen schwingt zugleich die eigene Angst mit, der geliebte Bruder könne sich innerlich von ihr entfernen. Aus einem Brief des Jahres 1856: *„Mein Herzens-Ferdile, Du weißt ja wie lieb Du mir bist, ich brauche Dir darüber keine weitläufige Versicherung zu geben und sage Dir nun, daß wenn wir als Kinder schon alle*

Einsiedelei im Park von Schloss Castell. Zeichnung von Fritz von Zeppelin. Um 1840.

Albertine von Scherer, reiche Erbin und bedeutendste Steuerzahlerin der Gemeinde Tägerwilen. Unten ihre Schwester Henriette d'Hogguer.

unsere Gedanken und Pläne einander mittheilten (...), so ist mir wenigstens der Verkehr mit Dir jetzt nicht weniger ein Bedürfnis als damals und unwiderstehlich treibt es mich, wenn es nicht mündlich seyn kann, wenigstens zum schriftlichen Geplauder." **48**

So waren denn die Wochenenden, an denen Ferdinand Ausgang hatte, und die Zeit der Sommerferien am Bodensee auch Höhepunkte in Eugenies Stuttgarter Leben. Der Familiensitz Schloss Girsberg im Thurgau wurde anfangs noch gemieden. Aber mehrere Jahre war Eugenie jeweils auf das nahe Schloss Castell eingeladen, wo sie bei ihrer Tanten Albertine und Henriette sowie im Kreis mehrerer Schweizer Cousins und Cousinen Erholung von ihren Stuttgarter Hausfrauenpflichten fand.

In den zahlreichen Briefen von dort – die zu den schönsten aus Eugenies Nachlass gehören – beschreibt sie Ferdinand romantische Bootsfahrten auf dem Seerhein, erzählt ihm von langen Wanderungen im Thurgauer Hinterland und berichtet von gemütlichen Leseabenden in dem *„heimlichen blauen Salon"* des Schlosses. Immer wieder fordert sie den Bruder auf, die Tage am See mit ihr zu teilen und sobald Ferdinand brieflich seine Ankunft in Konstanz ankündigt, bricht sie in Freudenläufe durch Haus und Park aus. In den Sommerwochen des Jahres 1856, die sie auf Schloss Castell verbrachte, präzisierte die zwanzigjährige Eugenie ihre ablehnenden Gefühle gegenüber dem Leben in der Residenzstadt und die glücklichen Erinnerungen an die Kinderjahre auf dem Girsberg: *„Ich sehe schon ganz anders aus als in der Stadt. Ich werde eben überhaupt nie ein Stadtkind werden, soviel ich mir Mühe gebe, die guten Seiten davon herauszusuchen und zu benützen. Erst auf dem Lande kommt wieder wahres Leben, wahre Freude in mich. (...)"* **49**

Aber es drohten Fesselungen anderer Art: Am 28. August 1859, einem Sonntag, erhielt Eugenie in Bad Kreuth, wo sie sich zur Kur aufhielt, den Brief eines jungen Barons. Wilhelm von Gemmingen-Bonfeld war mit der Familie von Zeppelin schon einige Zeit bekannt und hatte bei gemeinsamen Ausflügen in die Kreuther Umgebung deutliche Nähe gesucht, was bei Eugenie den Verdacht erregte, *„daß er vielleicht nicht so zufällig mit uns zusammen getroffen und nicht ganz ohne alle weitere Absicht sich um uns bemühte."* **50** Tatsächlich machte ihr der Oberjustizrat in seinem kurzen Brief einen förmlichen Heiratsantrag: *„Wenn ich es wage, den stillen Frieden Ihrer Seele zu stören und eine Frage für Zeit und Ewigkeit, die Frage an Sie zu richten, ob ich die Hoffnung haben darf, daß Sie das höchste Glück, den höchsten Segen, den ein Mensch* *empfängt, mir bringen, daß Sie mein Leben theilen könnten, so verzeihen Sie vor allem dem Manne, der das wagt."*

Eugenie hatte keinen Grund, sonderlich überrascht zu sein. Schon mehrmals in den vergangenen sieben Stuttgarter Jahren hatten sich junge Männer aus adeligen Familien um sie bemüht, jeden hatte sie bisher abgelehnt. Das hatte sie auch mit Gemmingen vor, aus mehrfachem Grund. In wenigen Zeilen teilt sie ihm mit, dass sie keine *„Grundlage des Vertrauens und der Liebe"* erkenne, die unabdingbare Voraussetzungen zu einer Ehe seien. Mit der Vorstellung, dass eine Ehe nur auf der Basis gegenseitiger Liebe eingegangen werden könne, erwies sich die junge Gräfin als Kind ihrer Zeit: Unter dem Einfluss des Bildungsbürgertums hatte sich schon zu Beginn des Jahrhunderts die Auffassung auch im Adel durchgesetzt, nur die Liebesheirat gewährleiste völlige Harmonie einer Lebensverbindung. Damit war auch das Mitspracherecht der Eltern, des Vaters zumal, bei der Partnerwahl zurückgedrängt worden. So sehr war das unbedingte Vorhandensein höchster Tugenden im Charakter des zukünftigen Partners – besonders deutlich ablesbar am Frauenbild der Zeit – zum Maßstab geworden, dass die Ablehnung mehrerer Heiratsanträge im Leben einer jungen Frau durchaus keine Seltenheit mehr waren.

So schien Gemmingens Antrag nach Eugenies Ablehnung keiner weiteren Diskussion mehr wert. Ebenso kurz, wie sie geantwortet hatte, legte sie ihrem Vater die Gründe ihrer Weigerung dar: *„Sein Fond"*, so charakterisiert sie den Baron, *„scheint mir eher Bildung und Kenntnisse, als ein warmes Gemüth. Und außerdem scheint er mir keinen festen Charakter zu haben, dem ich mich im völligen Vertrauen und von Herzen hingeben könnte."*

Die Ruine Kastell und das Schloss Neu-Castell von Osten. Bleistiftzeichnung von Fritz von Zeppelin, um 1840.

Eugenie von Zeppelin, 1860.

Die Briefe lassen indes heute differenzierte Lesarten zu und erhellen die Vorgeschichte einer Enttäuschung, die sich bei Eugenie zur Formel vom fehlenden „festen Charakter" verdichtet hatte. Nach Rückfragen bei seiner Tochter und dem abgelehnten Baron reagierte Friedrich von Zeppelin auch hier in Übereinstimmung mit seinen bisherigen pädagogischen Auffassungen: Ohne auf seine „*väterliche Gewalt*" zu pochen, verstand es der Vater, seiner Tochter auf eindringliche Weise die Konsequenzen ihrer wiederholten Ablehnungen vor Augen zu führen. Indem er eigene Ängste zur Sprache brachte, motivierte er solche bei seiner Tochter, wenn er schreibt: *„Entweder, Du erkennst in Dir den Beruf und Willen, die Bestimmung des Weibes in der Ehe zu erfüllen, oder nicht. Du entschiedest Dich fürs erste anstatt – nennen wir die Sache beim Namen – eine alte Jungfer bleiben zu wollen."* Das vom Vater gezeichnete Schreckensbild der mittellosen, auf die Güte der wohlhabenden Familienmitglieder angewiesenen, verwaisten Jungfer sowie seine Lobpreisungen des Bewerbers Gemmingen als eines Mannes, der seiner Frau werde etwas bieten können, schließlich das Zureden des geliebten Bruders Ferdinand bewirkten nach zwei Monaten Eugenies Umkehr: Am 20. November verlobte sie sich mit Wilhelm von Gemmingen. An ihren Onkel Moritz Macaire schreibt sie über den schnellen Entschluss zur Verlobung in einer Metaphorik, die ebenso scherzhaft wie enthüllend ist: *„Nun, eigentlich war es freilich nur scheinbar schnell; denn die Schlinge war mir ja schon lange übergeworfen. Anfangs wehrte ich mich dagegen, aber anstatt mich loszumachen habe ich mich immer fester hineinverwickelt und (als) endlich doch kein Sträuben mehr half, gab ich mich gutwillig gefangen."*

In deutlichem Widerspruch zu den Auffassungen von der Liebesheirat konnten sich die frisch Verlobten damals erst nach dem formellen Heiratsversprechen richtig kennenlernen. Die Briefe aus den Monaten nach der Verlobung bis zur Hochzeit im Mai 1860 lassen in Tonfall und Detailliebe das wachsende Vertrauen der beiden zueinander erkennen. Doch auch jetzt blieben die Verlobten nicht über längere Zeit allein, stets wachte der Vater über das junge Glück. Nebenbei plante er die materielle Zukunft seiner Tochter und ihres Verlobten. Schon vor der Verlobung hatte Friedrich Erkundigungen über den künftigen Schwiegersohn eingezogen.

Der Gartensalon des Schlosses Neu-Castell in einer Aufnahme vom Ende des 19. Jahrhunderts.

Moritz Macaire, Finanzberater der ganzen Familie, letzter Namensträger in Konstanz. Die Aufnahme entstand wenige Jahre vor seinem frühen Tod 1867.

1827 als Freiherr von Gemmingen-Bonfeld auf dem gleichnamigen württembergischen Rittergut geboren, hatte er in Tübingen, Heidelberg und Leipzig Jura studiert. Zuerst Oberjustiz-Assessor in Rottenburg, war er kurz vor der Werbung um Eugenie nach Esslingen versetzt worden, wo bald nach der Hochzeit die Beförderung zum Kreisgerichtsrat und einige Jahre später die Berufung an das Oberlandesgericht Stuttgart folgten. Neben seinen Einkünften als Justizbeamter bezog Baron Gemmingen Gewinnerträge aus den Besitzungen seiner Familie. Angesichts solcher materieller Verhältnisse war Friedrich von Zeppelin noch zur Zeit der Werbung zur Überzeugung gekommen: *„G. ist von guter Familie, gutem Ruf, in seiner Laufbahn auf gutem Wege und in seiner Brauchbarkeit anerkannt."*

Dass auch Eugenie, die *„weder Putzlust, noch kostbaren Bedürfnissen und Angewöhnungen ergeben"* sei, stattliche Einkünfte in die Ehe einbringen würde, erfüllte den Vater mit einigem Stolz. Nach dem Tode der Mutter war deren beträchtliches Vermögen nicht an Fritz übergegangen, sondern im Bankhaus der Macaires in Konstanz von Amélies älterem Bruder Moritz treuhänderisch für die Kinder Eugenie, Ferdinand und Eberhard verwaltet worden. Hieraus sollte Eugenie mit ihrer Verlobung eine jährliche Rente erhalten. Onkel Moritz war es schließlich auch, der den Entwurf des Ehevertrages prüfte und redigierte, in dem die materiellen Verhältnisse des Brautpaares geregelt wurden. Als alle Formalitäten geklärt waren, meldete sich der erfahrene Bankier aus Konstanz mit willkommenen Geschenken zur Teilnahme an der Hochzeit an: *„Durch den Telegraphen habe ich dir gemeldet, daß ich Sonntag Abend bei Euch eintreffe, fl. 1000 (Gulden) und eine 17pf.dige Forelle mitbringen werde. Diese ist noch am Leben und wird erst Sonntag früh eingepackt, so daß sie frisch genug ankommen dürfte."*

Die Hochzeit seines ersten Kindes inszenierte Vater Zeppelin im Mai 1860 als Veranstaltung mit prestigeträchtiger Außenwirkung: Auf der Liste der Hochzeitsgäste finden sich zwei amtierende württembergische Minister, mehrere Hofbeamte, alle wichtigen Schweizer Verwandten und Vertreter mehrerer altwürttembergischer Adelsfamilien. Die einstige Heimat am Bodensee war in größere Ferne gerückt: Von den einstigen Weggefährten hatte Vater Zeppelin niemanden zur Feier nach Stuttgart eingeladen.

Das Ehe- und Familienleben der Gemmingens, die zuerst in Esslingen, später in Stuttgart wohnten, spiegelt in vielem die Atmosphäre von Eugenies eigenem Elternhaus wieder. Wilhelm, der selbst im Kindesalter Vollwaise geworden war, sehnte sich wie seine Frau nach der Geborgenheit einer kleinen Familie. Im Abstand weniger Jahre kamen die drei Kinder Carl (1861), Max (1862) und Amélie (1865) zur Welt. Mit der Geburt der Kinder richtete sich der Alltag der Gemmingens ganz nach den kindlichen Bedürfnissen. In den ersten Jahren verbrachten Wilhelm und Eugenie jedes freie Wochenende, jeden Ferientag gemeinsam mit den Kindern. Auf ausgedehnten Wanderungen über die Fildern, im Sommer am Bodensee, sollten Carl, Max und Amélie die Naturverbundenheit ihrer Eltern annehmen. Ob Zoobesuch oder das erste Glas Bier des kleinen Carl – von der Welt der Kinder ist in den nächsten Jahren in Eugenies Briefen häufig die Rede. So sehr fühlte sich die junge Mutter im Kreis ihrer Familie wohl, dass sie auf Gesellschaftsabende, Bälle, ja sogar auf Kaffeekränzchen gerne verzichtete: *„So ein Caffé ist doch die grämlichste aller socialen Vergnügungserfindungen; es schüttelt mich wie ein Brechmittel, wenn ich an diese Pille denke!"*, kommentierte sie eine Einladung, die ihr ins Haus stand.**51**

Max und Karl von Gemmingen, Eugenies Söhne, um 1870.

Amélie von Gemmingen, Eugenies Tochter, als junge Hofdame der württembergischen Königin.

Anders als ihre beiden Brüder und ihr Mann Wilhelm, interessierte sich Eugenie – so lassen zumindest die von ihr erhaltenen Briefe schließen – nicht für politische Geschehnisse. Nur einmal empörte sich die tief religiöse Frau, als Württemberg an der Seite Österreichs im Preußisch-Deutschen Krieg von 1866 gegen Preußen kämpfte. In heftigem Zorn gegen Bismarck, der als Initiator dieses Krieges damals der bestgehasste Mann in Deutschland war, räumte sie ihrem Ärger über die kriegs-

Wilhelm und Eugenie von Gemmingen, aufgenommen kurz nach ihrer Vermählung 1860.

bedingte Aufgabe einer Sommerreise zu den Schweizer Verwandten breiten Raum ein: *„Man begreift nicht, wie's möglich ist, daß eines Menschen Wille und Ehrgeiz Noth über ganze Völker heraufbeschwören konnten und den Fluch von Millionen Seelen auf sich laden mochte! Es ist der Schrei der Entrüstung über solche Niederträchtigkeit und solchen Frevel."* [52]

Bei aller Liebe zur eigenen Familie nahm die älteste der drei Geschwister Zeppelin auch weiterhin großen Anteil am Lebensweg ihrer beiden Brüder. In nicht nachlassendem Glaubenseifer, befeuert durch ihr zunehmendes Interesse an der in Württemberg damals stark vertretenen pietistischen Erweckungsbewegung, trat sie immer dann auf, wenn wichtige Entscheidungen anstanden. So gelang es ihr im Verbund mit Ferdinand, den jüngeren Bruder Eberhard von der Werbung um die Hand einer katholischen Frau abzubringen. Auch Ferdinand erhielt bis ins hohe Alter Ratschläge und kritische Bemerkungen aus der Feder der älteren Schwester, die nicht müde wurde, Handlungen und Denkweisen an den Leitbildern ihres Christentums zu messen und die Brüder zur Standfestigkeit im Glauben zu ermahnen.

Verstärkung erfuhr diese Religiosität auch durch die Laufbahn ihres Mannes, der von 1865 an Abgeordneter der württembergischen Ritterschaft in der zweiten Kammer des Landtags sowie tätiges Mitglied in der Synode der evangelischen Kirche Württembergs war und 1885 als Präsident des Konsistoriums in die Kirchenleitung berufen wurde.

Aber auch wenn wir getrennt sind, bleiben wir stets Eins, in dem Einen, der das Band so fest um uns geschlungen. Im Herrn heißt's bei uns: Zwei Herzen und ein Schlag. Laß bald von Dir hören.
In treuer Liebe Deine Schwester
Eugenie

Eugenie von Zeppelin (1836 – 1911) an ihren jüngeren Bruder Ferdinand, der die Offiziersschule in Ludwigsburg besucht, März 1856

Während der Skeptiker Eberhard in späteren Jahren von den religiös motivierten Ratschlägen seiner Schwester unbeeindruckt blieb, ließ Ferdinand den engen Kontakt mit Eugenie gerade dann nicht abbrechen, als er an die Verwirklichung seiner späten Lebensaufgabe ging. Auf dem Höhepunkt seiner Karriere als Luftfahrtpionier besuchte die 75Jährige ihren Bruder Ferdinand im April 1911 am Bodensee und wagte mit ihm einen Aufstieg in dessen Luftschiff. Nicht lange danach plagten sie heftige Leibschmerzen. Ferdinand von Zeppelin schrieb an den hochbetagten einstigen Hauslehrer Moser: *„Sie verlor alle Esslust, magerte ganz ab und jetzt ist sie schon so von Kräften gekommen, dass eine wesentliche Besserung ihres Zustandes kaum noch zu erwarten ist.*[53] Zwei Tage nach diesem Brief starb Eugenie von Gemmingen in Stuttgart. Sie war – neben Ferdinands Frau Bella – bis zum Tod die engste Vertraute des Bruders und sein Gegenüber in der Bestärkung seines eigenen Glaubens geblieben. Diesen Rang haben alle bisherigen Biographen des zum nationalen Mythos stilisierten Luftschiffers der tief religiösen, aber auch ironiebegabten und geistvollen Frau nicht zugestehen wollen.

Schreibutensilien aus dem Nachlass Ferdinand von Zeppelins: Links eine Petschaft mit Familienwappen aus Rauchquarz, rechts seine Schreibtischuhr, ein Füller und sein Reisetintenfass.

Eugenie von Gemmingen im Alter. Bis zu ihrem Tod 1911 war die warmherzige und humorvolle Frau auch das religiöse Gewissen der Familie Zeppelin.

FERDINAND:
AUS DER
„Kriegsschule"
IN
DIE
WELT

𝒲ie unersetzlich die früh verstorbene Mutter für die Familie war, zeigt sich auch darin, dass Fritz von Zeppelin nach dem Verlust seiner Frau seinen ältesten Sohn in die Obhut eines Ehepaars gab, um Ferdinand auch weiterhin der Fürsorge einer Frau anvertraut zu wissen. Während er die oberste Klasse der Stuttgarter Realschule besuchte, lebte der junge Graf im Haus des evangelischen Stuttgarter Dekans Mehl. Auch wenn sich Vater Fritz aus der täglichen Erziehungsarbeit zurückgezogen und Eugenie die Führung des Haushalts aufgebürdet hatte, bestimmte er wie zuvor den äußeren Lebensrahmen seines Sohnes. So musste Eugenie das zukünftige Zimmer ihres Bruders gewohnt schlicht möblieren, nur wenige, einfache Kleidungsstücke füllten das Gepäck Ferdinands und mit einem kleinen monatlichen Taschengeld sollte er künftig seine kleineren Ausgaben selbst bestreiten.

Nach zwei Semestern wechselte er von der Realschule auf die polytechnische Schule, wo er bis Herbst 1855 blieb. Dann, 17jährig, musste sich Ferdinand zu einem Beruf entschließen. Wie weit ihm dabei eigene Freiheit zugestanden wurde, lässt sich nicht mehr feststellen. Angesichts des schon früh erkennbaren Interesses des Jungen für technische Fragen, und weil er ein sportlicher Bursche war, dürfte Vater Zeppelin im Rahmen der statusgerechten Optionen – Jurastudium und diplomatischer Dienst, Hofkarriere, Militärdienst – eine Offizierslaufbahn den anderen Möglichkeiten vorgezogen haben. Ferdinand von Zeppelin hat sich selbst, was die auf den späteren Mythos der Luftfahrt fixierten Biografen häufig übersehen haben, vor allem als Soldat verstanden.[54]

Durch Vermittlung des Cousins Emil von Maucler, den Fritz um Fürsprache beim Kriegsminister gebeten hatte, wurde Ferdinand im Oktober 1855 in die Königlich-Württembergische Offiziersbildungsanstalt in Ludwigsburg aufgenommen. Seit ihrer Gründung 1820 durch den Generalquartiermeister von Varnbüler bildete die kurz „Kriegsschule" genannte Einrichtung in einem vierjährigen Kurs den Offiziersnachwuchs für die württembergische Armee aus.

Ferdinand von Zeppelin als junger württembergischer Leutnant.

Ein Freund der Familie aus Konstanzer Tagen: Kaiser Napoleon III.

Der junge Kadett, aus einem Elternhaus stammend, in welchem gegenseitiges Vertrauen die Grundfeste des Zusammenlebens gewesen war, kam mit dem militärisch-rauen Ton der Kriegsschule allerdings lange Zeit nicht zurecht. Viele Briefe aus jener Zeit berichten von häufig auftretenden kleineren Krankheiten und dem Unbehagen, das Ferdinand im öden Reglement der Offiziersanstalt empfand. Hinzu kam, dass der ursprünglich stark wissenschaftlich und allgemeinbildend ausgerichtete Lehrplan der Anstalt – nach 1820 hatten die Kandidaten zur Aufnahme Prüfungen in Geometrie, Aufsatz, Geschichte und Latein zu absolvieren – zugunsten des rein militärischen Handlungswissens ausgedünnt wurde. Während Ferdinands Ausbildungszeit standen die allgemeinbildenden Fächer, darunter auch Philosophie und Sprachen, noch auf dem Lehrplan. Doch Waffenlehre, Taktik, Befestigungskunst, waffenbezogene Mathematik, Exerzieren, Fechten und Voltigieren, Turnen und das gesellschaftlich relevante Tanzen dominierten den strengen Alltag in der Schulkaserne. Materielle Eintrittshürden sorgten dafür, dass fast ausschließlich Söhne der adeligen Oberschicht die Schule besuchen konnten: Jeder Kriegsschüler musste zusätzlich zum bezogenen Sold von 150 bis 300 Gulden ein familiäres Jahressalär von 150 Gulden aufweisen und in der Lage sein, die Offiziersausrüstung, die den angehenden Kavalleristen Zeppelin rund 900 Gulden kostete, selbst zu bezahlen.[55]

Ein kluger Kopf wie Ferdinand von Zeppelin fühlte sich von diesem Ausbildungsbetrieb, der auf mittelmäßige Geister zugeschnitten war, unterfordert. Die treusorgende Schwester versuchte ihn zu ermuntern: *„Der liebe Vater schreibt mir, Du seiest wieder nicht wohl gewesen. Aber mein guter Alter, was treibst Du denn eigentlich. Schon Dich so gut es Deine militärische Verhältniße und Pflichten erlauben und meine nicht, daß ein Soldat ein anderer Mensch sei, als wir alle."*[56]

Nach der Absolvierung der Kriegsschule wurde Ferdinand von Zeppelin 1858 zum Leutnant befördert und im Oktober des-

selben Jahres zum Studium der Fächer mechanische Technologie, anorganische Chemie, Nationalökonomie und Geschichte an der Universität Tübingen abkommandiert. Bald danach – Zeppelin war wegen des Krieges zwischen Österreich, Italien und Frankreich wieder zur Truppe rückbeordert worden – folgten kürzere Dienstzeiten beim Ingenieurkorps auf der Ulmer Festung und beim General-Quartiermeisterstab in Ludwigsburg.

1865 wurde Ferdinand von Zeppelin zum Adjutanten des württembergischen Königs ernannt. Das samtgerahmte Bild zeigt ihn in der Uniform der königlichen Adjutanten.

Die früh verstorbene Mutter Amélie. Ihr Grab in Montpellier besuchte Ferdinand während seiner Frankreichreise 1861.

Während der Semesterferien nutzte Ferdinand die Zeit, seinen geistigen Horizont zu erweitern. Ausgestattet mit einer besonderen Reisegenehmigung des Kriegsministeriums bereiste er im Spätsommer und Herbst 1861 Österreich und Frankreich, um die dortigen Militärverhältnisse zu studieren. Auf der Reise durch Frankreich kam der 23jährige Offizier auch nach Montpellier, wo er zum ersten Mal das Grab seiner 1852 dort gestorbenen Mutter Amélie besuchte. Tief gerührt schrieb er einige Tage später an seinen Vater: *„Mein erster Gang war zu der Mutter Grab. Was ich gedacht und gefühlt in jener Stunde, lässt sich nicht schreiben, auch braucht es das nicht, denn Ihr denkt und fühlt es mir nach. Dass Thränen so bitter sind, habe ich nie so empfunden, wie an dem Grabe meiner seeligen Mutter so weit von der Heimath entfernt."* [57]

Höhepunkt der Reise durch Frankreich war ein Empfang am kaiserlichen Hof in Compiègne, wo der im geliehenen schwarzen Frack erschienene junge württembergische Offizier ohne Hindernisse zur kaiserlichen Familie vorgelassen wurde. *„Der Kaiser hatte befohlen, mich gleich zu melden, wenn ich erscheinen würde"*, berichtet der stolze Sohn dem Vater. Kaiserin Eugenie nahm den Gast, der aus der einstigen Exilheimat ihres Mannes stammte, mit zur Exerzierstunde des Kronprinzen Louis Napoléon, genannt Loulou. Kaiser Napoleon III. selbst empfing den jungen Zeppelin wie einen alten Bekannten, drückte ihm lange die Hand und beschwor Erinnerungen an dessen selige Mama Amélie und die Familie Macaire. Er habe sich *„von den inneren Verhältnissen"* in Frankreich ein *„richtigeres Bild"* machen wollen, *„als dieses durch die Zeitungsberichte geschehen kann"*, berichtete Ferdinand in einem Brief an seinen Onkel Ferdinand Wilhelm und bilanziert: *„Die Folge davon war, dass ich dem Geiste des Kaisers noch größere Bewunderung zollte, als zuvor."* **58** Knapp neun Jahre später war es mit der Bewunderung für den alten Freund der Familie vorbei: Hauptmann Ferdinand von Zeppelin, inzwischen zum überzeugten Anhänger einer Einigung Deutschlands unter preußischer Führung geworden, sollte sich mit Feuereifer in den durch Bismarck kühl provozierten Krieg gegen Frankreich stürzen.

Nach dieser Bildungsreise, die auch zu einer Fahrt in die Familienerinnerungen geworden war, brach der junge Offizier noch einmal aus seiner ruhig und gleichmäßig ansteigenden Militärlaufbahn aus: Als das Linienschiff „Asia" am 30. April 1863 aus Liverpool in Richtung New York auslief, befand sich unter den Passagieren auch Ferdinand von Zeppelin. Mitten im Dienstjahr hatte der junge Offizier bei seinem König um Beurlaubung vom Truppendienst für ein Jahr gebeten. Vordergründig argumentierte Ferdinand, die Reise auf die Schlachtfelder des amerikanischen Bürgerkriegs werde ihm, und damit seinem Land, Kenntnisse über das militärische System und die moderne Kriegsführung der Amerikaner vermitteln.

Fernrohr des Kavallerieoffiziers Zeppelin zur Beobachtung gegnerischer Bewegungen.

Doch bei genauerer Betrachtung der Motive, die er seinem Vater gegenüber geltend machte, wird deutlich, dass es wieder die muffige Enge des militärischen Dienstes gewesen war, die den zu eigenem Denken und Handeln erzogenen Mann kurzzeitig aus den Bahnen der vorbestimmten Laufbahn ausbrechen ließ.

Die Familie, besonders der alternde Vater, konnte sich für Ferdinands Plan nicht erwärmen. Vater Fritz, der die Amerikaner nicht mochte und dies seltsam weitsichtig begründete *(„weil mir ihre staatlichen und sittlichen Zustände weit entfernt schienen, eine würdige Rolle in der großen Weltordnung auszufüllen")*, bangte um das Leben seines ungestümen Sohns und hatte ihm die Reise anfangs strikt untersagt. *„Ich habe sie zu Grabe tragen müssen – eine schöne Idee, die ich kurze Zeit liebgehabt habe wie eine Braut"*, schrieb ein erschütterter Ferdinand an seine Schwester Eugenie. Als *„jugendliche Spinnerei"* hatte der Vater das Vorhaben abgetan. Doch nicht nur die Abneigung gegen das Land und die sicher zu erwartenden Gefahren bestimmten das Nein des Vaters. Die Reise sollte auch mehrere tausend Gulden kosten, was dem inzwischen pedantisch sparsam gewordenen Fritz von Zeppelin zusätzlichen Kummer bereitete. Dann aber griff der kämpferische Sohn zu Feder und Papier und legte dem Vater die sachlichen Gründe, die für das Vorhaben sprachen, in epischer Breite dar. Am Ende lenkte der Vater ein und erteilte Ferdinand seinen väterlichen Segen. *„Seit ich auf dem Grabe unserer seeligen Mutter geweint habe, hat mich nichts so schmerzlich angegriffen, als die Entgegennahme dieser Erlaubnis"*, erfuhr gleich darauf Schwester Eugenie von ihrem Bruder.[59]

Erinnerung an ein Abenteuer: Ferdinand (rechts mit Gewehr) im Kreise seiner Gefährten vor der Expedition zum Quellgebiet des Mississippi 1863.

Ausgestattet mit einem besonderen Pass der Nordstaaten begleitete Ferdinand von Zeppelin die Potomac-Armee bei einigen ihrer Schlachten, wurde Präsident Lincoln und jenem Carl Schurz vorgestellt, der als ehemaliger deutscher Revolutionär 1848 emigriert war und später als Innenminister der USA gegen die Ämterpatronage der Parteien vorging und an die Indianerpolitik menschlichere Maßstäbe anlegte.[60] Wie der Vater befürchtet hatte, nutzte Ferdinand jede Gelegenheit, sich nicht nur als „Beobachter", sondern als wagemutiger Soldat und Draufgänger zu erweisen. Besonders sinnfällig wird dieses Draufgängertum Ferdinands in der Teilnahme an einem Unternehmen, das – als *„wissenschaftliche Expedition"* ausge-

geben – nichts anderes war als das leichtsinnige Abenteuer zweier Russen und eines deutschen Grafen: Mit Hilfe einiger Indianer erkundeten die „Forscher" wochenlang unter größten Entbehrungen den noch wenig erschlossenen Nordwesten des Landes, um zu den Quellgebieten des Mississippi vorzudringen. Das Abenteuer mutet wie die amerikanische Variante eines der großen Mythen des 19. Jahrhunderts an, die Suche nach den Quellen des Nil.

Eine Fahrt in einem damals bei den Armeen des Bürgerkriegs verwendeten Aufklärungsballon setzte den Schlusspunkt unter das amerikanische Abenteuer, von dem Ferdinand im Oktober 1863 nach Württemberg zurückkehrte. Die Weitergabe der gemachten militärischen Erfahrungen und bald umlaufende Geschichten von den Heldenstücken des Württembergers in den Reihen der Nordstaaten-Armee machten den jungen Grafen bei seinen Vorgesetzten und am Hofe bekannt. So wurde Ferdinand im Frühjahr 1865 in die königliche Adjutantur kommandiert und bald darauf mit dem Amt eines persönlichen Flügeladjutanten des Königs Karl von Württemberg betraut.

Ferdinands vergebliche Liebe: Amélie de Senarclens (li.), eine Cousine aus der Westschweiz.
Er sitzt rechts neben ihr. Daneben seine Schwester Eugenie und Cousine Hortense mit ihrem Mann, Monsieur Necker. Links sitzend Bruder Eberhard von Zeppelin.

Zugleich mit dem steilen Anstieg seiner Militärkarriere erlebte Ferdinand von Zeppelin eine große Liebe, deren äußeres Scheitern ihn in eine schwere seelische Krise stürzte. Etwa ein Jahr nach der Rückkehr aus den USA hatte er die Beziehung zu einer Cousine aus der Familie seiner Mutter intensiviert. Ohne den Vater über seine wahren Absichten aufgeklärt zu haben, reiste Ferdinand im Oktober 1864 nach Vufflens in die französische Schweiz, um Amélie de Senarclens näher kennenzulernen und bei ihrer Mutter Henriette des Senarclens, der Schwester seiner verstorbenen Mutter, um die Hand des Mädchens anzuhalten. Die geheimen Absichten aber blieben nicht verborgen: Eine Tante aus der väterlichen Linie, Anna von Zeppelin, hatte eine Fotografie der versammelten Cousins und Cousinen in die Hand bekommen und scharf kombiniert. Aber nicht die nun einsetzende Aufregung in der Familie ließ die erhoffte Verbindung scheitern. Als Ferdinand um Amélie warb, wurde ihm eröffnet, dass deren 1858 verstorbener Vater Henri de Senarclens in Vorahnung einer solchen Verbindung die Heirat seiner Tochter mit einem nahen Verwandten testamentarisch verboten hatte. Wieder in Ludwigsburg erhielt Ferdinand einen Brief Amélies, die ihrerseits den Machtspruch des toten Vaters anerkannte und Ferdinand bat, seine Hoffnungen aufzugeben.

Ferdinand von Zeppelins Ulanentschako mit Paradebusch.

Etwas vom lebenslangen Nachklang dieser Liebe ist noch in der Schilderung zu spüren, die Hugo Eckener in seinem Buch „Graf Zeppelin" über eine Wiederbegegnung zwischen Amelie und Ferdinand, über 40 Jahre später, in Friedrichshafen (1908) gibt: *„Es war lieblich anzusehen, mit welcher zartbesorgten, rührenden Ritterlichkeit sich der alte Herr um diesen seinen Gast bemühte, wie er mit strahlenden Augen ihre Gestalt umfing und mit ihr sprach."* [61]

Der Krieg von 1866, den seine Schwester so empört kommentierte, machte Ferdinand, inzwischen zum Hauptmann befördert, im Stab des Kriegsministers mit und kämpfte selbst in einigen Gefechten in der Gegend von Würzburg. Nach der Niederlage Österreichs und seiner Verbündeten konnte Preußen mit dem Frieden von Prag zu einer Neugestaltung Deutschlands nach eigenen Vorstellungen ansetzen. Gebietsabtretungen durch Österreich in Schleswig-Holstein und preußische Annexionen in Hannover, Kurhessen, Nassau und Frankfurt vergrößerten den Staat an der Spitze des Norddeutschen Bundes um ein Viertel.

Auch die süddeutschen Länder, die zur Seite des Verlierers gehörten, bekamen nun preußische Macht zu spüren: Ein Geheimabkommen, das Bismarck mit ihnen schloss, bestimmte den Oberbefehl Preußens über die süddeutschen Truppen im Fall eines künftigen Kriegs gegen Frankreich.

In dieser Situation, die in Württemberg von starkem Widerstand der Demokratischen Partei und des katholischen Zentrums gegen die preußischen Pläne geprägt war, zeigte sich in Ferdinand von Zeppelin erstmals der politische Mensch. Beeindruckt von Preußens Stärke und dem Gedanken an ein geeintes Deutschland, musste der württembergische Hauptmann sich eine neue Überzeugung schaffen, um den eigenen Partikularismus zu überwinden. Wieder einmal war es die protestantische Grundeinstellung – diesmal in deutlicher Konvergenz zu preußisch-protestantischer Geschichtsauffassung –, der dem Grafen die ideologische Brücke baute.

In seinem Tagebuch führt er die Größe und physische Kraft der deutschen Nation auf die Wirkung der Reformation zurück: *„Dabei wurde alles das geformt und weiter gebildet, worauf heute das deutsche Volk stolz sein kann, was seine so bedeutenden Vorzüge sind, daß es (...) die bedeutendste Nation der Erde ist: Höhe der mittleren Bildungsstufe im Allgemeinen, gründliche Gelehrsamkeit insbesondere, Biederkeit und Treue. Vernachlässigt wurde der Sinn für Volksgröße, für Waffenruhm, für nationale Ehre etc. Das Reich zerfiel."* [62] In Preußen, und dort in der Figur Bismarcks, sah Ferdinand jene protestantische Kraft, die jetzt erkannt habe, *„das nationale Bedürfnis gleichsam als das einzige zu fassen"* und das von der Reformation in Gang gesetzte Werk der deutschen Einheit zu vollenden. Auch in diesem Augenblick wollte der gleichermaßen politisch flexible und karrierebewusste Offizier die Nase im Wind haben: Im Frühjahr 1868 ließ er sich zur taktischen Abteilung des Großen Generalstabs in Berlin abkommandieren, dem auch württembergische Militärs angehörten. Mit klarem Blick für die Machtpolitik des Tages rapportiert Zeppelin seine Berliner Beobachtungen dem vorgesetzten General:

Hauptmann von Zeppelin nach dem Preußisch-Österreichischen Krieg 1866 mit einer ersten Auszeichnung an der Uniformjacke.

„Seit drei Wochen schon schlürfe ich Berliner Luft und genieße ich preußische Art zu denken und noch fühle ich mich vollkommen nüchtern. Und in der Tat Berauschendes, Begeisterndes liegt in dem kalten politischen Calcül dieser Leute nicht – sie wollen uns noch nicht annektieren, weil sie uns nicht verdauen können; wir sollen also vorläufig nur ganz beruhigt sein – lange natürlich lasse sich der Lauf der Geschichte nicht aufhalten.

Das schmerzliche an dieser Rechnung ist ihre absolute Richtigkeit, so lange wir mit kleinlichem Partikularismus in Verbindung mit Elementen (demokratischen und anderen) gegen dieselbe ankämpfen, die uns selbst am gefährlichsten sind. So machen wir notwendig den Eindruck, geringe Menschen zu sein, die weder einer großen nationalen Idee fähig sind, noch irgend etwas an Stelle derselben zu setzen haben." [63]

Neben der großen Politik genoss er dort den Umgang mit den ihm noch wesensfremden preußischen Offizieren, für deren Armee er seit den Kriegserfolgen 1866 allerdings Hochachtung empfand. Um den neuen Bekannten eine Freude zu machen, ließ der Schwabe im Januar 1869 von seinem Lieblingswirt Silber aus dem Gasthaus „Zur Krone" in Esslingen per Bahnexpress 25 frisch zubereitete Portionen seines schwäbischen Lieblingsgerichts liefern. Kaum war die heimatliche Fracht angekommen, wurde sie mit größeren Mengen von Butter angebraten und den preußischen Herren serviert: Kesselfleisch und Blutwürste an Sauerkraut. Dazu Spätzle, die mit Ei und Käse überbacken wurden. Die Offiziere dürften satt geworden sein.

Isabella von Wolff als 20jährige Baronesse.

Um die verschiedenen Nationalitäten genau zu studieren, habe ich auch den Frauen einige Aufmerksamkeit schenken müssen; nun weiß ich aber erst noch nicht, ob die Italienierin mit dem schönen Auge (...) und mit den langen Hosen den Vorzug verdient vor der feurigen Französin mit ihrer reizenden Coquetterie.

Der 23jährige Ferdinand von Zeppelin an einen Onkel über die Studienreise durch Italien und Frankreich, Dezember 1861

EINE
Schönheit
AUS LIVLAND

Das kriegerische, für die deutsche Geschichte so bedeutungsvolle Jahr 1866 begann für eine 20jährige Baronesse aus Livland mit gesellschaftlichen Zerstreuungen. Vermutlich nicht ganz frei von Überlegungen zur Zukunft ihrer Tochter Isabella hatte die Mutter der jungen Frau, Helene von Wolff, rechtzeitig vor der Ballsaison wieder einmal Quartier in Heidelberg bezogen. Von dort aus war die Familie häufig zu Veranstaltungen befreundeter württembergischer Adelsfamilien in die Residenzstadt Stuttgart hinüber gefahren. Im Tagebuch von „Bella", wie sie in der Familie genannt wurde, findet sich ein lakonischer Eintrag zu Stuttgart: *„Dort lernte ich am 28. Februar auf einer Soirée bei Onkel Eduard die Grafen Ferdinand und Eberhard von Zeppelin kennen."* **64** Bevor sich zwischen dem 27jährigen Berufssoldaten und der Baronesse hätte etwas entwickeln können, reiste die Familie nach Italien, danach begann der Preußisch-Deutsche Krieg, die Wolffs saßen in Heidelberg fest. Als die Waffen schwiegen, besuchte die vielseitige interessierte junge Frau in Heidelberg literarische Vorlesungen und hörte an der Universität den berühmten Naturwissenschaftler Hermann von Helmholtz unter anderem über die Optik des menschlichen Auges dozieren. Im Herbst kehrte sie nach Livland zurück.

Diener und Kutscher standen auf Schwanenburg auch jederzeit bereit, um Tochter Isabella zu chauffieren.

Cousinen-Treffen: Mathilde, Sonja und Olga von Zeppelin in sommerlicher Garderobe mit Sonnenschirm. Um 1870.

Inzwischen hatte sich zwischen ihrer Cousine Sophie von Wolff, genannt „Sonja", und dem jüngeren der Zeppelin-Brüder, Eberhard, eine Liebesbeziehung entwickelt. Im August 1868 sahen sich Ferdinand und Bella in Livland auf der Hochzeit von Bruder und Cousine wieder. Bellas älterer Bruder Heinrich, ein Liebhaber alt-europäischer und exotischer Kultur, war im selben Jahr Chef des Hauses von Wolff geworden und hatte ausgesprochen lustlos die Bewirtschaftung der fern jeder Zivilisation liegenden riesigen Güter übernommen. Eine große Hochzeit kam ihm sehr gelegen: Alt-Schwanenburg, das Stammschloss der Familie, bot die Kulisse zu einem rauschenden Fest. Schon während der Feier war dem jungen Brautpaar Eberhard und Sonja aufgefallen, dass Ferdinand und Bella Interesse aneinander gefunden hatten. Der etwas schwerfällige Schwabe aber reiste ab und ließ erst einmal nichts mehr von sich hören.

Da ergriffen Eberhard und Sonja die Initiative und versuchten in einer langen Reihe von Briefen die beiden einander schmackhaft zu machen. Aus Sesto bei Florenz, einer Station ihrer Hochzeitsreise, schreibt Eberhard an den Bruder: *„Meine Frau und ich unterhalten uns bereits schon sehr viel in Gedanken, Dich mit dem Elephanterle verheiratet zu sehn und malen uns unser nettes gemüthliches Zusammenleben aus. Wenn wir Dich so sicher mit Bella zusammenthun, so bist Du offenbar selber dran schuld, warum hälts Du an ihrer Seite so compromettante Reden über weitere Verbindungen zwischen Livland und Württemberg."* [65]

Wenig später kam Bella mit ihrer Familie nach Berlin, wo ihre jüngeren Stiefbrüder studieren sollten. Jetzt endlich näherte sich der unsichere Ferdinand der livländischen Baronesse und bald schon charakterisiert er sie seinem Vater in einem Brief: *„Ein äußerst einfacher, dabei von aller Spießbürgerlichkeit freier Sinn, frische Auffassung, Nettigkeit der Gedanken, Mut und Ausdauer in Ertragung von Leiden, ein heiteres, freundliches Wesen, Eifer und Erfahrung in der Hauswirtschaft, eine Gesamterscheinung hübsch wie ein Reh, machen das Mädchen für mich höchst reizend, lassen mich glauben, daß es eine tüchtige, brave Frau für mich abgeben würde, mit der ich glücklich werden könnte. Ob Fräulein von Wolff etwas von mir wissen will oder nicht, davon habe ich keine Ahnung, aber es kommt mir vor, wie wenn ich sie bald einmal fragen möchte, und wenn sie nicht ‚nein' sagt, bitte ich Dich auch ‚Ja' sagen zu wollen."* [66]

Im Jahr ihrer Hochzeit 1869: Der Berufsoffizier Ferdinand von Zeppelin und Isabella von Wolff.

Nicht lange danach, am 7. August 1869, gaben sich die beiden das Ja-Wort in Berlin.

Die Welt, aus der die 1846 auf Schloss Schwanenburg an der östlichen Grenze Livlands im heutigen Lettland geborene Isabella von Wolff stammte, war eine andere als die der Zeppelins. Ihre ursprünglich in Niederschlesien beheimatete, mit französischen und schwedischen Vorfahren angereicherte deutsche Familie war bereits im 17. Jahrhundert in den baltischen Provinzen ansässig geworden. Im Zuge der großen Siedlungspolitik der russischen Zarin Katharina II. hatten die Vorfahren ausgedehnte Ländereien in den russischen Ostseeprovinzen übernommen. Isabellas früh verstorbener Vater Rudolf von Wolff herrschte über mehrere Güter und Ländereien in der Gesamtgröße von mehr als 70.000 Hektar.[67] Bis zur endgültigen Ablösung der alten feudalen Rechte des grundherrlichen Adels im 19. Jahrhundert bestimmte der Gutsherr über das Leben seiner Bauern, er sprach in Zivilsachen Recht und besetzte Schulämter und Pfarreien. Politische Mitwirkungsrechte standen den Bauern kaum zu. Bis zur Russifizierungspolitik der Ostseeprovinzen unter Zar Alexander II. ab 1855 stand der machtvolle deutsche Adel loyal zum russischen Souverän. Deutsche Adelige dienten im russischen Militär, bei Hofe und in der Staatsverwaltung. Als eine zunehmend nationalistische russische Politik den deutschen Einfluss zurückdrängte, wurden die konservativen, an ihren Feudalrechten festhaltenden deutschen Adligen zu entschiedenen Verteidigern ihres Deutschtums. Mit Alexander III. wurde ab 1881 Russisch schließlich alleinige Amts- und Gerichtssprache und das hoch entwickelte deutsche Schulwesen wurde dem russischen Unterrichtsministerium unterstellt, so dass auch die deutschen Schüler das Abitur auf Russisch ablegen mussten. In dieser Zeit orientierte sich der evangelisch-lutherische deutsche Adel noch stärker nach Deutschland und schickte seine Söhne auf Schulen und Universitäten vor allem der evangelisch geprägten Länder Preußen, Baden und Württemberg. Zu den Schwaben bestanden überdies besondere Beziehungen, seit zwei Großfürstinnen aus dem Hause Romanow nach Württemberg verheiratet worden waren.[68]

Bellas Vater Rudolf Gottlieb von Wolff. Er starb nur 38jährig als Bella ein Jahr alt war.

Schon vor der beginnenden Entfremdung zwischen deutschem Adel und russischem Landesherrn hatten die auf weit abgelegenen Gütern lebenden Adeligen kulturelle Inspiration, Unterhaltung und Erholung in den Metropolen Europas gesucht. Vor allem die Frauen in Isabellas Familie pendelten ruhelos von einem Kuraufenthalt zum nächsten und verbrachten Monate des Jahres in teuersten Hotels oder eigens angemieteten Wohnungen in Riga, Moskau, St. Petersburg, Baden-Baden, Bad Ems, Heidelberg, Köln oder Berlin. Auch die damals 17jährige Isabella war im Frühjahr 1863 mit ihrer Mutter Helene zu einer drei Monate dauernden, an Baedekers Routen orientierten Reise durch Deutschland und die Schweiz aufgebrochen. Sie hatte über die preußische Sauberkeit, die Berliner Theater und den Zwinger in Dresden gestaunt, den Frankfurter Römersaal besucht und sprachlos vor der Schönheit des Rheinfalls bei Schaffhausen gestanden. Die Wartburg, der Mainzer Dom, der Vierwaldstätter See und Genf waren Stationen der Reise gewesen. Noch anspruchsvoller fiel die „Grand Tour" der jungen Söhne des baltischen Adels aus: Ägypten, Griechenland, Italien, Frankreich und die berühmten Kulturstätten des alten Deutschen Reiches gehörten zum kulturellen Erbe, das ein Mann der Gesellschaft vor seiner Verheiratung gesehen haben musste. Auch Isabellas Bruder Heinrich hatte eine fast einjährige Reise unternommen, bevor er die schöne Marissa von Oettingen heiratete. Als sie wenige Jahre nach der Hochzeit starb, ließ der untröstliche Witwer im Park des Stammschlosses Alt-Schwanenburg einen großen „M-See" anlegen, dessen künstliche Inseln steinerne Buchstaben des Vornamens der geliebten Verstorbenen trugen.

Der Toilettenkoffer des Baron Heinrich von Wolff, Bellas Bruder. Er vergaß das Gepäckstück bei seinem letzten Besuch auf Schloss Girsberg, wo es heute noch aufbewahrt wird.

Heinrich von Wolff. Der Gutsherr liebte prachtvolle Parkanlagen mehr als die Verwaltung der Kornfelder.

Alt-Schwanenburg, 1802 in das Eigentum der Familie gelangt und bis 1840 großzügig ausgebaut, war das Zentrum der Wolff'schen Grundherrschaft, zu der auch die Güter Stomersee, Laitzen und Lubahn gehörten. Wie sehr sich das Elternhaus der Baronesse Isabella vom ländlich-einfachen Schloss Girsberg unterschied, macht eine Beschreibung des Schlosses Schwanenburg deutlich, die Hella von Zeppelin, Tochter von Bella und Ferdinand, in ihren Lebenserinnerungen gibt: *„Schon von weitem sah man die hellen Türme von Schloss Schwanenburg, das Kirchlein aus dem Grün des Parks hervorragen. Dann ging es durch die große Ehrenpforte aus Birkenstämmen mit Grün umwunden – diese war von den Hofleuten bei besonderen Anlässen errichtet – und der Wagen bog vor die Anfahrt, wo die Leute zum Empfang schon warteten, uns zu begrüßen. Im sogenannten Vorhaus, ehe man die lange Flucht der Zimmer betrat, legte man die Mäntel und Galoschen (diese dort so genannten Gummistiefel) ab – dann stand man einem bärengroßen Ehepaar gegenüber, mächtige Gestalten, die durch ihre Attribute, er Pfeife, sie Schürze und Schlüsselbund, als Hausfaktoten gekennzeichnet waren. Im Erdgeschoß war der Zimmertrakt, unterbrochen durch den durch zwei Stockwerke gehenden ‚Saal' mit Holzverkleidung und schweren Möbeln, dem Harmonium in der Mitte gegenüber dem großen Ölbild meiner Tante Marissa, der verstorbenen sehr geliebten Schloßherrin."* [69]

In Bellas Briefen indes ist wenig von der hochherrschaftlichen Aura dieses auf Privilegien der Geburt gegründeten Standesbewusstseins ihrer Familie zu finden. Spätere Biographen Ferdinands nennen sie gar eine Frau, der Unterordnung unter den Mann, Demut und Hingabe selbstverständlich gewesen seien. Sie behaupten damit aber ein Klischee, das nicht zutrifft. Viel mehr als ihre Schwägerin Eugenie – das zeigen ihre Briefe – war sie am täglichen politischen Geschehen nicht nur im unmittelbaren Umfeld ihres Mannes interessiert. Ähnlich wie Eugenie nahm sie in den fast 50 Jahren ihrer Ehe Einfluss auf die Entscheidungen ihres Mannes und auch sie war, fest verwurzelt im Protestantismus, eine moralische Instanz für die Familienmitglieder.

Schloss Alt-Schwanenburg wenige Jahre vor seiner teilweisen Zerstörung 1905.

Und sie war reich. Nach dem frühen Tod ihres Vaters 1847 hatte Bellas Mutter Helene einen Verwandten, Woldemar von Wolff, geheiratet und mit ihm weitere vier Söhne bekommen. Majoratsherr des Fideikommiss', der adeligen Familienstiftung, wurde Bellas älterer Bruder Heinrich. Nach seinem frühen Tod 1897 starben innerhalb weniger Jahre auch die Stiefbrüder und Bella fiel das unermesslich große Familienvermögen zu. Das reiche Inventar des Stammschlosses wurde 1901 versteigert, Schloss und Ländereien einem Vetter aus einer Nebenlinie übertragen. Der hatte jedoch nicht mehr viel Freude daran: Wenige Jahre später ging Alt-Schwanenburg während der Landarbeiteraufstände und im Gegenterror des deutschen „Selbstschutzes" im Zuge der russischen Revolution des Jahres 1905 teilweise in Flammen auf. Damals wurden in Livland, Estland und Kurland 184 Herrenhöfe und Schlösser niedergebrannt. Nach dem Ersten Weltkrieg wurden die bisherigen Herren enteignet, das ausgedehnte Landeigentum der Wolffs in zehntausende neue Hofflächen für Kleinbauern aufgeteilt.[70] Während des Zweiten Weltkriegs zerstörte Artilleriebeschuss einen weiteren Flügel des Schlosses Alt-Schwanenburg. Nach der Auflösung der Sowjetunion wurden einige der früheren Wolff'schen Herrenhäuser wieder aufgebaut. Sie dienen heute öffentlichen Einrichtungen. Eines der früheren Herrenhäuser beherbergt das historische Museum der Region Gulbene.

Der pittoresk ausgestattete Bildungsreisende Heinrich von Wolff, aufgenommen in Jerusalem.

Du kennst, mein Ferdinand, meinen tiefsinnigen Jubel über die teure Tochter, die Du mir zuführst. Auf diesen Bund, über welchen ich Gottes vollsten Segen herabflehe, lasst uns die Gläser erheben.
Ferdinand und Isabella leben hoch!

Ansprache des Vaters Fritz von Zeppelin anlässlich des Empfangs der Neuvermählten auf Schloss Girsberg, August 1869

IM KRIEG 1870: „MEIN *Schatz* WIRD JETZT GANZ POPULÄR"

Als ihr Mann im deutsch-französischen Krieg 1870/71 durch ein propagandistisch breit ausgewalztes Heldenstück, den sogenannten „Recognoscierungsritt des Grafen Zeppelin", in ganz Deutschland bekannt wurde, schrieb Bella an ihren Bruder den knappen Satz: *„Mein Schatz wird jetzt ganz populär"*, sorgte sich im Übrigen aber viel mehr um die bevorstehende Belagerung von Paris und den *„hartnäckigen Kampf"*, den sie dabei heraufziehen sah. Die taktisch unsinnige Aktion des jungen Grafen, die immerhin zwei Tote – es waren die ersten des Krieges – und mehrere Verletzte kostete, wurde von seinen Vorgesetzten nicht gelobt: Ferdinand von Zeppelin bekam, weil er mit dem waghalsigen Erkundungsritt tief ins Feindesland hinein seine Kompetenzen deutlich überschritten hatte, als einziger der beteiligten Offiziere keine Auszeichnung. Seiner guten Stimmung tat das keinen Abbruch. Der noch vier Jahre zuvor, während des preußisch-österreichischen Kriegs, kleindeutsch-österreichisch und gegen den preußischen Hegemonialanspruch opponierende Offizier Zeppelin war inzwischen von der nationalen Begeisterung erfasst worden und tatenhungrig in den Krieg gegen Frankreich aufgebrochen. Eine gute Bekannte der Familie, die Diplomatengattin und kluge Beobachterin der Zeitereignisse, Baronin von Spitzemberg, hatte die in diesen Tagen in der Oberschicht Württembergs herrschende Empörung über Frankreichs Haltung im Streit um die nachrangige spanische Königskandidatur eines Hohenzollern-Prinzen in ihrem Tagebuch festgehalten: *„Unklüger hätten es die Franzosen nicht einrichten können: anstatt uns zu spalten, vollziehen sie faktisch die Einigung Deutschlands, die nichts fester kitten wird als dieser gemeinsam geführte blutige Krieg um die eigene Existenz."* **71**

So empfand das auch der militärische Draufgänger Ferdinand von Zeppelin. Für den lange bewunderten Kaiser Napoleon III. hatte er nur noch Verachtung übrig und selbst alte Familienverbindungen, wie jene zum französischen Grafen Sparre, dem Enkel des alten Generals Crenay, enger Freund der Eltern aus dem thurgauischen Mannenbach, zählten nicht mehr: Als Zeppelin während einer Patrouille auf Sparre traf, begegneten sich beide als kämpfende Gegner, wie Vater Fritz von Zeppelin später zwischen zahlreichen Artikeln und Kriegstelegrammen

Graf Zeppelins erstes eigenes Haus in Ulm.

im Familienbuch festhielt.⁷² Gegen die Verrohung, die Krieger zu allen Zeiten erfasst hat, waren auch der sonst eher bedächtige Ferdinand von Zeppelin und sein Bruder Eberhard nicht gefeit. In einem Brief an seinen Schwager Wilhelm von Gemmingen bedient Ferdinand im Juli 1870 damals verbreitete antisemitische Klischees des Offizierscorps, wenn er wütend vom angeblichen *„Verrat durch einen Juden"* spricht, der zu einem Überfall französischer Husaren auf seine Eskadron geführt habe. Bruder Eberhard, als Kommissar einer Aufklärungsabteilung hinter den Fronten eingesetzt, prahlt vor seiner Frau, wie sich die Besatzer in Frankreich *„ganz behaglich"* einrichteten, *„mit Gegenständen, die sie von überall her zusammenraffen."* So habe sich Bruder Ferdinand *„aus irgendeinem Nest der Umgegend"* als Nachttopf eine Suppenschüssel mitgebracht, die *„wie ich bereits selbst erprobt habe, auch zu ihrem gegenwärtigen Dienst ganz brauchbar ist"*. Im selben Brief schwadroniert Eberhard beiläufig auch über Schießversuche mit Kanonen auf Menschen: *„Nach dem Schießen von Paris sieht man hier schon gar nichts mehr, die Kerls machen eigentlich nur Schießübungen und schießen mit Kanonen nach einzelnen Leuten, die auf Vorposten sind, treffen aber selten was."* ⁷³
Ferdinand, in Fragen des Anstands empfindsamer als sein zuweilen großsprecherischer jüngerer Bruder, nahm früh kritische Veröffentlichungen vor allem in der französischen Presse über das rücksichtslose Verhalten der deutschen Truppen in den besetzten Gebieten wahr und zeichnete in seinen Berichten nach Hause ein geschöntes Gegenbild: *„Im Gegensatz zu vielen französischen Berichten beobachten unsere Leute überall ein anständiges, ordentliches Verhalten, das Behauptungen von Verwilderung im Kriege Lügen straft, und selbst auf die Franzosen seines Eindrucks nicht verfehlt."* ⁷⁴

Bella von Zeppelin als Reiterin auf Ferdinands Militärpferd. Nach 1870.

Ein propagandistisch ausgeschlachteter Erkundungsritt zu Beginn des Deutsch-Französischen Krieges 1870 machte den 32jährigen Graf Zeppelin (Mitte rechts mit Käppi) reichsweit bekannt.

Stolz auf den Anteil seiner Söhne an den Siegen dieses Krieges mochte zu Hause auch der 64jährige Vater nicht zurückstehen. Als Ehrenritter des Johanniter-Ordens ließ er sich zum Verwalter eines kleinen Kriegslazaretts seines Ordens im württembergischen Plochingen ernennen. Über ein Jahr lang war Fritz von Zeppelin für die Versorgung von bis zu 92 Verwundeten verantwortlich. Auch wenn der Vater selbstverständlich an die Berechtigung dieses Krieges glaubte und jede Siegesnachricht sammelte, erwies er sich einmal mehr als sensibler, zum Mitgefühl fähiger Mann: In seinem Lazarett erfuhren verwundete Gegner die gleiche gute Behandlung wie deutsche Soldaten. Zwei Jahre nach Ende des Krieges, der nicht zuletzt wegen exorbitanter deutscher Reparationsforderungen und der Abtrennung von Elsass-Lothringen für Frankreich zur dauernden Demütigung wurde, sorgte Fritz von Zeppelin schließlich maßgeblich dafür, dass den in seinem Lazarett Verstorbenen in Plochingen eine steinerne Gedenksäule errichtet wurde. Auf ihrer Ehrentafel standen, auf seinen ausdrücklichen Wunsch, auch die Namen von zwei im Lazarett gestorbenen französischen Soldaten, denn das Denkmal sollte ein *„Symbol der Liebe und Versöhnung unter Deutschen und Franzosen"* sein.[75]

Das unermessliche menschliche Leid hinter den Siegesmeldungen hatte Fritz von Zeppelin zu diesem Zeitpunkt bereits im engsten Familienkreis kennen gelernt. Ihm war im Dezember 1870 die Aufgabe zugefallen, seinem Vetter, dem

Kaiser Napoleon III. übergibt am 2. September 1870 nach der Schlacht von Sedan König Wilhelm I. von Preußen seinen Degen. Rechts in weißer Uniform, der Architekt dieses Krieges, Ministerpräsident Otto von Bismarck.

württembergischen Außenminister Graf Adolf von Taube und dessen Frau Friederike eine besonders grauenhafte Nachricht zu überbringen: In der Schlacht von Champigny waren die beiden Söhne des Ehepaars, der 21jährige Erich und der 19jährige Axel, als Soldaten eines Infanterieregiments nebeneinander nach vorne stürmend von Kugeln durchbohrt worden. Axel starb, nachdem er zehn Stunden verletzt auf dem Schlachtfeld gelegen hatte. Erich wurde in ein Lazarett gebracht. Vater Taube, als Außenminister privilegierter als die Väter einfacher Soldaten, brach sofort in Richtung Front auf. Kurz bevor er im Lazarett des Schlosses La Lande ankam, war auch sein zweiter Sohn den schweren Verletzungen erlegen. Ein mit fahriger Hand geschriebener Eilbrief des Vaters Adolf von Taube an Fritz von Zeppelin mit Anweisungen zum Heimtransport der Toten ist im Familienbuch der Zeppelins erhalten. Es ist ein Zeugnis tiefster Erschütterung und des Versuchs, dem Geschehen einen übergeordneten, nationalen Sinn zu verleihen: *„Nach allseitiger (Bekundung haben) meine Söhne ausgezeichnet und tapfer sich gehalten – nebeneinander stehend sind beide gleichzeitig gefallen. (...) Sie sind als Soldaten gestorben und ich halte darauf, dass ihnen jede militärische Ehre (zuteil) wird."* [76]

Die beiden Söhne Zeppelin hatten mehr Glück. Sie kamen unbeschadet aus dem Krieg zurück, Ferdinand wegen seiner militärischen Verdienste in einigen Schlachten mit dem Ritterkreuz des sächsischen Albrechts-Ordens und dem Mecklenburg-Schwerinschen Militärverdienstkreuz ausgezeichnet. Nach Friedensschluss und Reichsgründung erhielt er sein erstes selbständiges Kommando und wurde 1872 Chef der 5. Schwadron des 2. Schleswig-Holsteinischen Ulanen-Regiment Nr. 15 im annektierten Straßburg. Die Aufgabe umfasste die Leitung aller Verwaltungsaufgaben und die Ausbildung der Rekruten. An freien Tagen durchstreifte er die alten *„Kampfplätze unter erhebenden und wehmütigen Erinnerungen"*, sah *„so manches Haus zerschossen, wie wir es verlassen"*, die kahlen Hänge der zerschundenen Landschaft und stieß auf halb verfallene Gräber deutscher Gefallener.[77] Im Übrigen aber fühlten sich die Sieger dort wohl: Abendgesellschaften, Bälle und heitere Ausflüge in die Landschaft bestimmten das Leben der deutschen Offiziers- und Beamtenfamilien, doch sehr genau registrierte Ferdinands junge Ehefrau Bella auch jetzt die unterschwelligen Aggressionen, die den deutschen Besatzern von den Elsässern entgegengebracht wurden. An ihren Bruder Heinrich in Livland schreibt sie im Jahr 1873 über diese Spannungen: *„Es ist ihnen natürlich nicht zu verdenken, sie können sich ja nicht gleich in deutsche Arme werfen, aber ihr lächerlich kindisches zur Schau tragen der französischen Sympathie könnten sie bleiben lassen."* [78]

Nachwuchs
IM
HAUSE ZEPPELIN

Bereits im August 1874 zog das Ehepaar nach Ulm weiter, wo der inzwischen zum Major avancierte Ferdinand von Zeppelin dem dortigen 2. Württembergischen Dragoner-Regiment Nr. 26 zugeteilt wurde. Sechs Jahre später wurde Zeppelin Kommandeur des Regiments und etwas später zum Oberst befördert. Auch während seiner in normalen Bahnen verlaufenden Tätigkeit bei der Truppe riss der Kontakt zum württembergischen Königshof nicht ab. Als beispielsweise der neue deutsche Kaiser Wilhelm I. 1876 anlässlich eines Treffens der Fürsten des Reichs Stuttgart besuchte, wurde Zeppelin in den so genannten „Ehrendienst" zur Betreuung der gekrönten Häupter kommandiert.

Die Entwicklung der eigenen Familie aber nahm nicht den gewünschten Verlauf: Bruder Eberhard und Sonja hatten zu dieser Zeit schon drei Söhne bekommen, Eugenies Kinder waren bereits den Kinderschuhen entwachsen. Bella und Ferdinand aber waren bisher ohne Nachwuchs geblieben. Obwohl Ferdinand weit davon entfernt war, seiner Frau die Verantwortung dafür anzulasten, entwickelte Bella in jenen Jahren hypochondrische Züge, die sie zur überzeugten Anhängerin der Homöopathie werden ließen. Eifrig verfasste sie Bulletins, die ihrem homöopathischen Arzt Dr. Rapp in Rottweil zugeleitet wurden, der daraufhin neue Tinkturen und Kuren verschrieb. Auch Pfarrer Robert Moser sorgte sich um das kinderlose Ehepaar und bot brieflich an, eines seiner Kinder auf längere Zeit in den Zeppelin'schen Haushalt zu schicken. Ein fremdes Kind im Haus, so mutmaßte der ehemalige Jugenderzieher Ferdinands, habe schon oft positive Wirkung auf die Fruchtbarkeit eines Ehepaars gehabt.

Standesgemäße Wohnung: Die Villa des Grafen Zeppelin im Herdweg in Stuttgart.

Am 28. November 1879 war es endlich soweit: Bella wurde von einer Tochter entbunden, die auf die Namen Helene Amalie Marie Henriette Sofie Caroline getauft und fortan „Hella" gerufen wurde. Hella hat später selbst fünf Kinder zur Welt gebracht als Ehefrau des württembergischen Ulanenoffiziers Karl Alexander von Brandenstein, der nach der Heirat 1909 vom König zum Grafen Brandenstein-Zeppelin erhoben wurde. Wie schon ihr Vater und seine Geschwister besuchte auch die kleine Hella keine öffentliche Schule. Sie erhielt Privatunterricht von angestellten Lehrkräften, darunter eine preußische Erzieherin, die dem Mädchen auch Malunterricht erteilte und Hella mit Blick auf die damals sehr beliebten Poesie-Alben ermutigte, eigene Verse zu schreiben.

Die 16jährige Hella von Zeppelin in Thurgauer Tracht, links ihre Hauslehrerin, die Berlinerin Magdalena Röther.

Da meine Eltern sich zehn Jahre in Geduld hatten üben müssen, bis ich das Licht der Welt erblickte, scheint meine Taufe entsprechend feierlich gewesen zu sein.

Hella von Zeppelin (1879 – 1967) über ihre Taufe im Dezember 1879

Berlin
UND
EIN EKLAT

Die achtziger Jahre führten die Familie erneut nach Berlin: Ferdinand von Zeppelin wurde zum Militärbevollmächtigten der Württembergischen Gesandtschaft in Berlin ernannt. In dieser Funktion war er Vertreter der württembergischen Armee im Hauptquartier der preußischen. Als bald darauf der württembergische Gesandte in Berlin starb, rückte der Offizier, keineswegs begeistert von der Mission, in die Berufswelt seines Großvaters auf und wurde Diplomat. Während seiner knapp vierjährigen Amtszeit erwies sich Zeppelin einmal mehr als politisch vielseitig interessierter und informierter Mann, der an neuen Aufgaben wuchs. Der Gesandte und Bundesratsbevollmächtigte seines Landes berichtete seiner Regierung über die großen Umbrüche im Dreikaiserjahr 1888, analysierte außenpolitische Probleme und verfasste einen Bericht über die aktuellen Probleme der Sozialpolitik im Reich. Zwar klagte er in Briefen an Familienmitglieder und Freunde zuweilen über die Vielzahl formeller Audienzen und Empfänge, die er zu bestehen habe. Doch das Amt scheint ihn nicht überfordert zu haben und die kleine Familie mochte das Leben in der neuen Reichshauptstadt. In ihren Erinnerungen berichtet Tochter Hella von Ausflügen an den Wannsee oder nach Potsdam, vom Schlittschuhlaufen, Zoo-Besuchen und den Einladungen der Eltern zu den berühmten „Frühschoppen" des Reichskanzlers Otto von Bismarck. Dessen Dienstwohnung in der Reichskanzlei an der Wilhelmstraße lag nahe bei der württembergischen Gesandtschaft, die sich in der Voßstraße befand. So konnte die kleine Hella aus einem Fenster beobachten, wie der legendäre Reichsgründer mit seinen Doggen Tyras und Rebecca im Garten spazierenging.

Als die Gesandtentätigkeit im Jahr 1890 vereinbarungsgemäß endete, weil Zeppelin zur Truppe zurück kehren wollte, richtete Ferdinand eine „persönliche Denkschrift" an das preußische Staatsministerium des Äußeren, in der er Eigenheiten des preußischen Oberkommandos über württembergische Truppen kritisierte. Noch einmal war damit beim jetzt 52 Jahre alten Berufsoffizier der württembergische Partikularismus durchgebrochen. Diese den diplomatischen Gepflogenheiten ganz und gar zuwiderlaufende und von den Befugnissen seines Amts nicht gedeckte Eigeninitiative sollte dem Grafen schlecht bekommen: Die negative dienstliche Beurteilung eines von ihm geleiteten Manövers gab dem preußischen Oberkommando den Vorwand, ihn des Kommandos einer Brigade zu entheben.

Graf Ferdinand von Zeppelin in eleganter Zivilkleidung als württembergischer Gesandter in Berlin, um 1890.

Goldene Taschenuhr des Grafen Zeppelin mit dem Familienwappen.

Umgehend zog Ferdinand die Konsequenz und ließ sich im Dezember 1890 enttäuscht aus dem aktiven Militärdienst verabschieden. Der als Kränkung empfundene jähe Abschied und der dadurch bewirkte plötzliche Ruhestand machten dem noch immer energiegeladenen Mann schwer zu schaffen. Er nahm eine ausgedehnte Korrespondenz mit alten Weggefährten auf, verrichtete gelegentliche Ehrendienste am württembergischen Hof und trat als Gast des Großherzogs von Baden auf der Mainau und im Sommerschloss des württembergischen Königs in Friedrichshafen auf. Einige Male verfasste Ferdinand von Zeppelin journalistische Gelegenheitsarbeiten, etwa über das „Recht der Tiere" und plante sogar, an einem internationalen Tierschutz-Kongress in Bern teilzunehmen. Unruhig suchte der Pensionär wider Willen nach einer neuen Lebensaufgabe. Mühsam versuchte er, die neue Lebenssituation als gottgegebene Bestimmung anzunehmen. Seinem ehemaligen Hauslehrer Robert Moser hatte er kurz vor dem Abschied aus dem Dienst geschrieben: *„Wenn es mir nun auch recht schwer wird, mich so vor der schauerlichen Leere der Berufslosigkeit zu finden, so trachte ich doch danach, dieses Schicksal als von Gott kommend ohne Murren und Bitterkeit anzunehmen."* [79]

Nach dem erzwungenen Abschied: Graf Zeppelin als württembergischer General in Ulanenuniform.

WIEDER AM
Bodensee

Schon unmittelbar nach der Heirat mit Bella im Jahr 1869 war das kleine Schloss Girsberg am Bodensee wieder ins Blickfeld der Familie gerückt. Vater Fritz von Zeppelin, der dort nicht mehr leben wollte, übertrug seinem ältesten Sohn Ferdinand das Schloss und die dazu gehörende Landwirtschaft. Daraufhin zahlte Ferdinand seine Geschwister Eugenie und Eberhard aus.

So war das Landschloss wieder zum Treffpunkt der gesamten Familie geworden, zumal Bruder Eberhard inzwischen unweit des Schlosses selbst ein standesgemäßes Landhaus gefunden hatte. Häufig verbrachten die Geschwister Ferdinand, Eugenie und Eberhard die Sommermonate gemeinsam am Bodensee. Wie in den Tagen ihrer Kindheit wanderten sie mit ihren Kindern durch den Thurgau und ins Appenzell, unternahmen Dampferfahrten und genossen am Ufer der Macaire'schen Insel das kühle Bad im See. Zu besonderen Gelegenheiten, etwa runden Geburtstagen oder Hochzeitstagen, dekorierten die Zeppelins ihr Schloss mit Lampions, schenkten Erdbeerbowle aus und brannten als Höhepunkt solcher Feste ein Feuerwerk der Kreuzlinger pyrotechnischen Firma Müller ab.

Bella von Zeppelin in späteren Jahren.

Auch Bella von Zeppelin liebte das Schloss und die Bodenseelandschaft. Schon als frisch Vermählte hatte sie im Herbst 1869 an ihren Bruder Heinrich geschrieben, das *„schweizerische home"* mache einen *„recht gemüthlichen heimlichen Eindruck"*. Der Aufenthalt dort sei eine *„köstliche unvergleichlich glückliche Zeit, wir leben in stiller Zurückgezogenheit."* Nach den Aufregungen der Verlobungszeit hatte die junge Ehefrau die Intimität und Abgeschiedenheit dieser Wochen gepriesen: *„Keine Pflichten und Einladungen entreißen mir meinen Mann und unser Haus wird nicht von fremden Menschen überhäuft."* [80] Das sollte sich in späteren Jahren grundlegend ändern. In großer Zahl reisten beschäftigungslose Verwandte aus ihrer alten Heimat Livland und aus der französischen Schweiz sowie Mitglieder mehrerer württembergischer Adelsfamilien in die ländliche „Sommerfrische". Vor allem Ferdinand scheint ein geradezu grenzenlos belastbarer Gastgeber gewesen zu sein: Wer immer sich bei ihm meldete, wurde gebeten, auf einige Tage zu kommen und mit der Familie im Schloss zu wohnen. Nicht selten überdehnte der Hausherr die Kapazitäten des Hauses und die Belastbarkeit seiner Frau. Dann wurden für jüngere Gäste kurzerhand Notlager in der angrenzenden Scheune eingerichtet, sehr

Die Frischvermählten 1869 auf Schloss Girsberg: Ferdinand und Bella am Fenster. Unten von links: Bruder Eberhard mit Sonja, die Kinder Carl, Amélie und Max von Gemmingen, Tante Henriette de Senarclens, Schwester Eugenie von Gemmingen und Vater Fritz von Zeppelin.

zur Freude des alten Berufsoffiziers, der es liebte, die Schar seiner familiären Rekruten zu kommandieren.

Um 1892 war eine frühere Idee Ferdinand von Zeppelins zum Bau „lenkbarer Ballone" zum großen Thema seines Lebens geworden: Unter Einsatz seines gesamten Vermögens und dem seiner Frau entwickelte er im letzten Jahrzehnt des alten Jahrhunderts jenes Luftschiff, das seinen Namen bis heute zum Markenzeichen einer bestimmten Epoche der Luftfahrt macht. (Näheres hierzu im Beitrag von Jürgen Bleibler). Um das geplante Luftschiff bauen zu können, stellte der württembergische König Wilhelm II., der Zeppelin persönlich sehr verbunden war, dem Grafen ein Grundstück am Ufer von Manzell bei Friedrichshafen zur Verfügung. Nun verbrachte die Familie, deren Hauptwohnsitz längst Stuttgart geworden war, noch mehr Zeit des Jahres auf dem Girsberg. Doch Zeppelin entwickelte sich zum reisenden Grafen, der selten nach Hause kam: Vor staatlichen Kommissionen, in Technischen Hochschulen, bei militärischen Dienststellen und vor Honoratiorenversammlungen warb er unermüdlich für seine Idee des lenkbaren Luftschiffs und dessen militärische Verwendbarkeit. Einmal schrieb er, er habe während eines besonders arbeitsreichen Jahres wohl nur etwa 20 Minuten auf seinem geliebten Landschloss am Bodensee verbracht.

Vater und Tochter: Ferdinand von Zeppelin mit Hella, um 1905.

Wir haben den Wunsch, in diesem Jahr schon in den ersten Tagen im Mai nach Girsberg umzusiedeln: wir möchten die schöne Blüthezeit dort erleben. Auch hat mein Mann schon von Mitte April oft und viel zu thun in Friedrichshafen, woselbst der Schuppen gebaut wird. Morgen reist er nach Zürich, um das Luftschraubenboot zu besichtigen.

Isabella von Zeppelin an den früheren Hauslehrer Robert Moser, Frühjahr 1902

Graf Zeppelins ziviler Hut, eine seiner berühmten weißen Westen und zwei seiner Spazierstöcke.

In den letzten Jahren vor dem ersten Aufstieg seines Luftschiffs 1900 kamen zudem familiäre Belastungen auf ihn zu: Seine Frau Bella zeigte erneut psychosomatische Symptome. Sie litt an unbestimmten Schmerzen, erkrankte an Gesichtsrose und glaubte, herzkrank geworden zu sein. Vermutlich spielten existenzielle Ängste eine Rolle in diesem variierenden Krankheitsbild: Es dürfte der über 50jährigen Frau ein Horror gewesen sein, dass ihr berufslos gewordener Mann einer nach damaliger Einschätzung wahnwitzigen Idee nachhing. In diesen Jahren konnte man den Zeitungen regelmäßig Meldungen über spektakuläre Abstürze, Bruchlandungen, wirtschaftlichen Ruin und spektakuläre Todesfälle von wagemutigen „Aviatikern", Ballonfahrern und Fallschirmspringern lesen. Auch Ferdinand erlitt bei ersten Versuchen mit Ballons mehrfach Verletzungen. Dass er für das Projekt das gesamte Vermögen der Familie investierte, dürfte seiner Frau zusätzlichen Kummer bereitet haben. Wundersamerweise wurde Bella von Zeppelin fast vollkommen gesund, als sich die Tauglichkeit der Luftschiffe erwiesen hatte und die finanzielle Basis des Unternehmens gesichert war.

Nach dem frühen Tod von zwei ihrer vier Stiefbrüder war 1897 auch noch ihr einziger direkter Bruder, Heinrich von Wolff, der Majoratsherr auf Alt-Schwanenburg, gestorben. In einer Phase höchster Belastung durch das Luftschiffprojekt musste Ferdinand von Zeppelin nun viele Male nach Livland reisen, um das riesige Erbe, das seine Frau antreten sollte, zu ordnen.

Dann endlich begann im Juli 1900 mit dem ersten Aufstieg seines Luftschiffs die erfolgreichste Phase im Leben des künftigen *„Genius der Lüfte"*, als der er bis heute im kollektiven Gedächtnis lebendig geblieben ist. Anfangs aber stieß sein Vorhaben selbst im engeren Umfeld seiner Bekannten auf große Vorbehalte. Im Juni 1898 hielt Baronin Hildegard von Spitzemberg, eine alte Jugendbekannte, anlässlich eines Besuchs Zeppelins in ihrem Tagebuch fest: *„Er ist ebenfalls hier und sehr glorios, sein Luftschiff verwirklicht zu sehen, was ich ihm sehr gönnen mag; wenn man*

Auf dem Höhepunkt des Ruhms: Der Luftschiffer mit seiner charakteristischen weißen Prinz-Heinrich-Mütze, um 1910.

Graf Zeppelins Sprechrohr: „Luftschiff, marsch!", lautete sein Kommando. Nach seinem Tod wurde das Gerät auf Burg Brandenstein als Lautsprecher in den Burghof benutzt: „Leute, Essen ist fertig!"

ihn aber sieht und reden hört, will es einem undenkbar erscheinen, daß dieser konfuse, sich ewig verheddernde Mann ein Problem dieser Art sollte lösen können." [81]

Auch einige Jahre später blieb die Baronin, bei allem Respekt für Zeppelins Bescheidenheit angesichts des nationalen Theaters um ihn, eine nüchterne Beobachterin. Als alle Welt Zeppelin-Eichen pflanzt, seine Lieblingsblume, die Nelke, am Revers trägt und tausende Familien zum Zeppelinschauen auf die Höhen ziehen, bemerkt sie trocken: „*So greift man sich an den Kopf, denkend, unser deutsches Volk ist übergeschnappt! Denn wenn man ruhig nachdenkt, entspricht das Maß des Enthusiasmus weder der Leistung des Mannes noch dem errungenen Ziele.*" [82]

Einzige Landung in der Heimatstadt: Im April 1909 ankerte ein Luftschiff kurz auf dem Konstanzer Exerzierplatz, Tausende strömten herbei.

Graf Zeppelins Beerdigung am 12. März 1917 auf dem Prag-Friedhof in Stuttgart, an der Zehntausende Bürger teilnahmen.

Für die Mehrheit der Deutschen aber war der gemütlich wirkende, etwas füllig gewordene schwäbische Graf der beliebteste Landsmann und sein Wort hatte auch jenseits von Luftfahrtsfragen Gewicht. Am Ende seiner Tage, während des Ersten Weltkriegs, wurde auch er von der europäischen Psychose erfasst, die den Krieg für notwendig hielt. Seine zuletzt schrillen Forderungen, die gegnerischen Städte von Luftschiffen massiv zu bombardieren, um den Krieg abzukürzen, gingen selbst der Reichsregierung zu weit. Sie untersagte ihm öffentliche Auftritte. Ferdinand von Zeppelin starb 78jährig am 8. März 1917, verbittert darüber, dass seinen Luftschiffen nicht der gebührende Platz im Kampf um die Luftüberlegenheit eingeräumt worden war. Bella von Zeppelin überlebte ihren Mann um knappe fünf Jahre, sie starb am 2. Januar 1922 im Alter von 76 Jahren in Stuttgart.

Ich war unfähig, mich allein anzukleiden und konnte ganze Nächte vor Schmerz nicht schlafen. Ursache war, dass ich beim Landen nach einer Ballonfahrt, die ich als notwendige Studie für meine derzeitige Beschäftigung unternehmen musste, eine Strecke weit auf der Schulter geschleppt wurde.

Ferdinand von Zeppelin über einen Unfall während seiner Flugversuche vor dem Bau des ersten eigenen Luftschiffs. Brief an Robert Moser, Oktober 1892

DER
Standesbewusste:
GRAF EBERHARD VON ZEPPELIN

Mit dem Umzug von Schloss Girsberg nach Stuttgart nach dem Tod der Mutter 1852 hatte auch für den Jüngsten der drei Geschwister die Zeit der Ausbildung durch den Hauslehrer Robert Moser geendet. Eberhard besuchte fortan das Stuttgarter Gymnasium. Unter der strengen Aufsicht Eugenies, die ihren „Kleinen" zu regelmäßiger Arbeit anhielt und ihn in Phasen der Unlust immer wieder liebevoll motivierte, erreichte Eberhard die oberste Klasse und legte 1860 das Abitur ab.

Eberhard als modebewusster Gymnasiast.

Danach schrieb er sich an der Universität Tübingen für das Fach Medizin ein, wechselte aber nach kurzer Zeit zur Rechtswissenschaft. Bereits im ersten Studienjahr riskierte der junge Aristokrat die juristische Laufbahn, als er in einen heute nicht mehr näher aufzuklärenden Ehrenhandel verwickelt und zu einem zweimonatigen Festungsarrest im Staatsgefängnis auf dem Hohenasperg verurteilt wurde. Er verbüßte einen Teil der Strafe, der Rest wurde ihm auf höhere Fürsprache erlassen.[83] Bevor der junge Jurist 1865 die erste Staatsprüfung bestand und Referendar am Esslinger Kreisgericht wurde, brachte er einige genussvolle Studentenjahre an den Universitäten Leipzig und Berlin zu. Die Briefe aus dieser Zeit, gerichtet an seinen Bruder Ferdinand, zeigen einen durchaus standesbewussten jungen Grafen, der die Vorzüge eines wohlhabenden Elternhauses in vollen Zügen genießt. Auf Fotografien erscheint Eberhard als der Modegeck der Familie: Er trägt modische, samtgesäumte Kurzjacketts, karierte Hosen und elegante Krawatten. In dieser Zeit ließ er sich, dem Männerbild der Zeit folgend, den Bart stehen, wohl auch, um den fortschreitenden Schwund seines Haupthaars zu kompensieren. Heftige Zechgelage mit anderen Aristokraten, deren lautstarke Fortsetzung auf den Straßen der Stadt mehr als einmal im Arrest der Polizei enden, unbeschwerte Silvester-Feiern mitten im Berliner „Pöbel" und häufiges Pistolenschießen im Zimmer eines Freundes bezeichnen die Abwechslung seines studentischen Lebens.

Der sittsame, im strengen Soldatenleben eingebundene Ferdinand wurde während dieser Jahre zum Vertrauten Eberhards, der jede Verliebtheit, jede Zote umgehend und nicht ohne den Stolz eines Herzensbrechers in die schwäbische Heimat meldete und sich zugleich über die Ordentlichkeit Ferdinands lustig machte.

Mit Beginn der Juristenlaufbahn am Esslinger Gericht legte sich der lebenslustige Student selbst Zügel an: Die Lektüre Kants und anderer Philosophen, dazu die kleinkarierten Anforderungen des Kanzleidienstes weckten Eberhards Ehrgeiz, einem sehr hoch angesetzten Ziel gerecht zu werden. In einen Brief an Ferdinand drückt er die quälenden Selbstzweifel aus: *„Ich kämpfe mit dem Mangel der Idee, aus einem kleinen Stoff vermag ich nichts zu schaffen und dem großen Stoff bin ich nicht gewachsen. Ich habe das Streben etwas bedeutsames zu Wege zu bringen und habe die geistige Schwungkraft nicht in mir. Was nützt es mir, ein wohlexaminierter Mensch zu sein, wenn ich doch ein Alltagsmensch bleiben soll und mich über das Niveau des Gewöhnlichen nicht erheben kann?"* [84]

Die Selbstfindungszweifel verstummten, als Eberhard ein Jahr später, im Preußisch-Deutschen Krieg von 1866, als Leutnant im 1. Jägerbataillon auf der Festung Hohenasperg stationiert wurde. Während Schwester Eugenie zur selben Zeit diesen Krieg als das Ergebnis böswilliger Politik verdammte, entwickelte sich bei Eberhard ein unversöhnlicher Preußenhass, der in einem Brief an Ferdinand vom Juli 1866 zum Ausdruck kommt: *„Wenn unsere Truppen noch ins Feld kommen; ob sie nun siegen oder nicht, wird die Thatsache, daß württembergisches Blut für unsere Sache geflossen ist, schwer wiegen in der öffentlichen Meinung und einen segensreichen Haß gegen den frechen Sieger in unserem Volk erzeugen, mit dem man seinerzeit, wenn es auch jetzt vielleicht nicht mehr möglich ist, viel wird ausrichten können."* [85]

Eberhards engagierte Parteinahme im Krieg ging schließlich so weit, dass er gemeinsam mit einigen Freunden einen pensionierten württembergischen Offizier, der Sympathien für die preußischen Vorstellungen von einem deutschen Nationalstaat gezeigt hatte, bei vorgesetzten Stellen anzeigte, um diesen Mann um sein Offizierspatent zu bringen.

Als Leutnant während des Preußisch-Deutschen Kriegs 1866.

Gräfliche Großfamilie 1876: Vater Eberhard und Mutter Sonja von Zeppelin mit ihren vier Söhnen Eberhard jun., Harro, Ferdinand und Erich.

Im Frühjahr 1867 legte der Jurist die zweite Staatsprüfung ab und trat eine Stelle als Geheimer Legationssekretär im württembergischen Ministerium für auswärtige Angelegenheiten an. Der auswärtige Dienst war zu dieser Zeit, neben der Kavallerie in der Armee, noch eine der letzten Domänen des Adels, die bürgerlichen Bewerbern weitgehend verwehrt blieb. Eberhards Eintritt in diese privilegierte Welt entsprach seinem adeligen Standesbewusstsein. Als Träger eines am württembergischen Hof hoch geachteten Namens dürfte seine Bewerbung vorrangig behandelt worden sein, denn im selben Jahr zeichnete ihn der Hof auch mit dem Ehrentitel eines Königlichen Kammerherrn aus. Im Jahr darauf nahm der erst 26 Jahre alte Jurist ohne nennenswerte Berufserfahrung bereits die Aufgaben des Geschäftsträgers der württembergischen Regierung in Florenz wahr, der damaligen Hauptstadt des eben gegründeten Königreichs Italien.

Einige Zeit zuvor hatte er in Stuttgart neben anderen Mitgliedern der livländischen Familie von Wolff auch die 28jährige Baronesse Sophie kennen gelernt. Während einer kurzzeitigen Versetzung an die Gesandtschaft in Wien, die ihm die Ehre einer Einladung an die kaiserliche Tafel von Franz Josef und Elisabeth („Sisi") von Österreich eingebracht hatte, bat Eberhard von Zeppelin die Familie von Wolff um die Hand der Tochter. Im Sommer 1868 heiraten der Württemberger und die Baltin. Im Verlaufe der Verhandlungen mit „Sonjas" Vater über den Ehevertrag, die sich im Austausch kontroverser Standpunkte lang hinzogen, erlitt Eberhard einen Herzanfall. War schon während der zurückliegenden Jahre seine Gesundheit nicht die beste gewesen, so wurde nun ein unheilbarer Herzfehler festgestellt. Eberhard, der gehofft hatte, seine Heirat werde ihn von seinen kleineren Leiden befreien, schreibt entmutigt an Ferdinand: *„Zur Krankenpflegerin wollte ich sie weiß Gott nicht machen. Ob man aber dem Herzleiden noch wird einen Riegel vorschieben können, bezweifle ich sehr."* [86] Tatsächlich musste Eberhard sein Arbeitsleben in den kommenden Jahrzehnten immer wieder unterbrechen, um in Phasen der Ruhe zu Kräften zu kommen.

Die Niedergeschlagenheit des Augenblicks aber wich schon auf der Hochzeitsreise, die das Brautpaar nach Italien führte. Aus Sesto bei Florenz meldete der künftige Vater die Schwangerschaft Sonjas nach Hause. Am 2. Mai des folgenden Jahres wurde der erste von vier Söhnen, Eberhard junior, in Stuttgart geboren. Ihm folgten Heinrich (1870), Erich (1873) und Ferdinand (1875).

Am deutsch-französischen Krieg nahm der nur eingeschränkt diensttaugliche, aber wie sein Bruder von der Berechtigung des Kriegs zutiefst überzeugte Diplomat als *„Chef des Nachrichtenbüros"* einer Truppenabteilung im Schwarzwald teil, deren Aufgabe der Schutz der Rheingrenze war. Als nach den großen militärischen Siegen mit einer Invasion französischer Truppen nicht mehr zu rechnen war,

> Im Namen und Auftrage sämmtlicher Verwandten meines verewigten Schwagers
>
> **Herrn Moritz Macaire**
>
> fühle ich mich von ganzem Herzen verpflichtet, Allen, die von nah und fern so zahlreich gekommen waren, um dessen irdischer Hülle auf ihrem letzten Wege ein so ehrendes und theilnahmsvolles Geleite zu geben, den innigsten u. gerührtesten Dank auszusprechen.
>
> Konstanz, 30. Sept. 1867.
>
> **Friedrich Graf Zeppelin.**

Nach dem Tod des letzten Macaire trat Eberhard von Zeppelin an die Spitze des Familienunternehmens.

engagierte sich Eberhard von Zeppelin als Ehrenritter des Johanniter-Ordens in Metz, vor Paris und zuletzt im Lazarett des Vaters in Plochingen in der Verwundeten-Pflege.

In den diplomatischen Dienst zurückgekehrt, reichte Eberhard im Jahr 1871 plötzlich seinen Abschied ein. In biografischen Skizzen und Nachrufen werden gesundheitliche Gründe, etwa die Folgen einer Cholera-Erkrankung, für sein Ausscheiden aus dem Staatsdienst genannt. Tatsächlich aber hatte sich Eberhard – wie sein Bruder zwei Jahrzehnte später – als eigensinniger, selbstbewusst handelnder Mensch erwiesen und während seiner Wiener Mission deutliche Kritik an der Politik seiner württembergischen Vorgesetzten geäußert. Bevor sich die gegen ihn sogleich bei Hofe erhobenen Vorwürfe des *„Hoch- und Landesverrats"* weiter verdichten konnten und eine geplante dienstliche Zurücksetzung ausgeführt wurde, nahm der Jurist Eberhard von Zeppelin seinen Hut und zog sich an den Bodensee zurück.

Dort war im September 1867 der letzte Chef der Familienunternehmen Macaire, Onkel Moritz Macaire, nur 52jährig, gestorben. Kurzzeitig war der Schwager des Verstorbenen, Fritz von Zeppelin, als Sprecher der deutsch-schweizerischen Familiengesellschafter an die Spitze von Indiennefabrik und Bankhaus getreten. Der Protestant Moritz Macaire, der mit dem letzten Generalvikar des Konstanzer Bistums, Ignaz Heinrich Freiherr von Wessenberg und anderen liberalen Honoratioren 1858 zu den Gründern des Kunstvereins gehört und sich mehrfach als Wohltäter der Stadt

Die Jungfer Anna habe ich innerhalb von 24 Stunden zum Haus hinaus expediert, weil sie sich wieder unartig gegen Sonja betragen hatte, übrigens habe ich damit einigermaßen den Sack geschlagen und den Esel (Gretle) gemeint. Ich werde froh sein, wenn diese naseweise Person auch fort ist.

Eberhard von Zeppelin (1842 – 1906) über eine fristlose Kündigung von Hauspersonal.
Brief an seinen Bruder Ferdinand, März 1873

erwiesen hatte, vermachte dem Konstanzer Ortsschulfonds *„zur Verbesserung des Volksschulwesens"* die Summe von 10.000 Gulden. Sein restliches Vermögen floss an die Familiengesellschafter, zu denen auch die Brüder Ferdinand und Eberhard von Zeppelin gehörten. Die Familie bestimmte mit Wilhelm Crämer einen Prokuristen, der dem Unternehmen schon lange angehörte. An der nicht mehr ertragreichen Indiennefabrikation beteiligte sich kurzzeitig noch ein Kaufmann aus Basel, doch die Zeit der mit Naturfarben und Holzstöcken bedruckten Baumwolltuche war nach der Einführung der Anilinfarben und neuer Drucktechniken vorüber. Es mussten Entscheidungen getroffen werden. So baten die Verwandten den gerade beschäftigungslos gewordenen Eberhard, die Leitung des Familienunternehmens zu übernehmen und den nötigen Wandel in den Unternehmungen herbei zu führen. Daraufhin wurde die Indiennefabrikation nach fast 90 Jahren eingestellt. Das Bankhaus nahm mit dem erfahrenen Bankkaufmann und alteingesessenen Adeligen Albert von Hofer einen neuen Gesellschafter auf, der den jungen Grafen unterstützte. Eberhard von Zeppelin betätigte sich fortan als Anlageberater seiner

Standesgemäßer Wohnsitz: Der zum schlossähnlichen Anwesen aufgewertete Gutshof „Ebersberg" bei Kreuzlingen.

Familie, deren Finanzkraft er wirksam bei den Neugründungen der Region, besonders im ostschweizerischen und badischen Eisenbahnbau und in der Textilindustrie im Hegau, einsetzte und bedeutende Gewinne für die Einleger erzielte. Im Auftrag seiner Familie erwarb er auch eine Pinsel- und Bürstenfabrik in Donaueschingen, zu deren Kunden später das Ulmer Ulanenregiment seines Bruders gehörte, das Pferdebürsten bezog. Nach Eberhard von Zeppelins Tod 1906 ging das Bankhaus Macaire an einen früheren Direktor der Württembergischen Vereinsbank über, wurde 1913 mit der Süddeutschen Diskonto-Gesellschaft Mannheim fusioniert und verschmolz später mit der Deutschen Bank. Deren Filiale befindet sich bis heute im damaligen Gebäude der Macaire-Bank gegenüber dem Konstanzer Hauptbahnhof.

Aus dem Nachlass seines Onkels Moritz erwarb Eberhard von Zeppelin den nur wenige hundert Meter vom Girsberg, der Heimat seiner Jugendjahre, entfernt gelegenen *„Kunzenhof"*. Dieses Moritz Macaire gehörende Gut war ebenfalls an seine Erben gefallen. Voller Selbstbewusstsein, jetzt ein eigenes Haus zu gründen, wertete Eberhard von Zeppelin das ehemalige Landgut einer St. Galler Familie Kunz zum herrschaftlichen Landsitz auf, brachte das eigene und das Wappen seiner Frau an der Hauswand an und gab seinem neuen Domizil den klingenden Namen *„Ebersberg"*. Pferde und elegante Kutschen wurden angeschafft und ein Gärtner angestellt. Der adelsstolze Graf und gescheiterte Diplomat glich die Brüche in seiner Laufbahn durch Statussymbole und eine standesgemäße Lebensführung aus, ermöglicht aus den Mitteln der Macaire'schen Erbschaft. Das zum Anwesen gehörende landwirtschaftliche Gut verwaltete er zunächst selbst. Als ihm sein Herzleiden einige Zeit später noch mehr Schonung aufzwang, verpachtete er es.

Eleganz im Geschmack der Zeit: Ein Blick in das Innere des neuen „Inselhotels".

EIN
Luxushotel
IN KLOSTERMAUERN

Mit der zunehmenden Verkehrserschließung des Bodenseeraums wuchs auch der Fremdenverkehr in dieser Region. Eberhard von Zeppelin erkannte die wirtschaftlichen Möglichkeiten, die der zielgerichtete Ausbau des Tourismus bot. Zunächst hatte die Familie erwogen, die einst vom Urgroßvater übernommene Dominikanerinsel an die Stadt zu verkaufen und sich nach fast 100 Jahren aus Konstanz zurückzuziehen. Als jedoch die Angebote weit hinter den Preisvorstellungen der Eigentümer zurückblieben, entwickelte Eberhard von Zeppelin den Plan, in den historischen Gebäuden des ehemaligen Dominikanerklosters ein Hotel der oberen Preisklasse zu gründen. Gemeinsam mit dem bekannten Stuttgarter Architekten Professor Otto Tafel begann er, die Idee in die Tat umzusetzen. Dabei ging der forsche Graf als Kind einer forschrittsgläubigen Zeit nicht sehr rücksichtsvoll mit den bau- und kunstgeschichtlichen Zeugnissen der klösterlichen Vergangenheit um. Als engagiertes Mitglied des noch jungen Bodensee-Geschichtsvereins hielt er Vorträge über die während des Umbaus wiederentdeckten mittelalterlichen Wandmalereien, andererseits ließ er die Umbaupläne störende Bausubstanz bedenkenlos entfernen. In einem seiner Vorträge führte er aus: *„Wenn auch manches den neuen Zwecken zum Opfer fallen musste, (sind) doch von allem Alten noch so vollständige Stylproben erhalten geblieben, dass Styl und Character der vormaligen Kunstweise an denselben auch für späterhin genügend studiert werden können."* Durch die *„Anlehnung an das Alte"* sei ein Neubau entstanden, der sich *„von den modernen Hotelkasernen gründlich unterscheidet."* [87] Zeppelins bemerkenswertes Hotelprojekt in altem Gemäuer stieß auf großes Interesse des Publikums und der Zeitungen. Doch auch andere Geschäftsleute in Konstanz hatten Interesse am Geschäft mit den Touristen: Schon 1871 war das Hotel „Barbarossa" des Hoteliers Martin Miehle eröffnet worden, dem 1874 das Hotel „Halm" am Bahnhof und weitere kleinere Häuser folgten.

Eberhard von Zeppelin als junger Unternehmer in eleganter Samtjacke.

Werbekarte des Hotels, um 1900.

Schärfste Konkurrenz – weit über die rein wirtschaftlichen Interessen hinaus – erwuchs dem konservativen Grafen in der Person des damaligen national-liberalen Konstanzer Bürgermeisters Max Stromeyer. Vom „Aufwärtsgefühl" der Gründerjahre nach 1870/71 erfasst, hatte Stromeyer mit Hilfe einer *„Actienbaugesellschaft Konstanz"* eine Reihe ehrgeiziger Projekte begonnen (Stadtgarten, Seestraße, Schulbauten u.a.). Eines der größten Projekte des Bürgermeisters und seiner Parteigänger war es, am Ufer der Konstanzer Bucht einen Riesenkomplex namens „Bad-Hotel" zu erstellen. Gleichzeitig plante der Bürgermeister die Auffüllung des Seeufers einschließlich der ehemaligen Dominikanerinsel, um eine riesige Fläche zum Bau von Luxuswohnungen und zur Anlage einer seeseitigen Pracht-Chaussee zu gewinnen. Es musste zum Konflikt kommen: Eberhard von Zeppelin prozessierte, Stromeyer verweigerte Baugenehmigungen, das Verhältnis zwischen der Familie von Zeppelin und der amtierenden Stadtverwaltung verschlechterte sich zusehends. Im März 1873, als Eberhard von Zeppelin erfuhr, dass sein Bruder Ferdinand der Stadt eine wertvolle Schmetterlingssammlung aus Macaire'schem Familienbesitz schenken wollte, charakterisierte der Verärgerte das aktuelle Verhältnis zu den Stadtgewaltigen folgendermaßen:

„Verzeih mir daher, wenn ich Dir offen gestehe, daß es mir bei meinem Verhältnis zur Stadt und demjenigen des Hauses Macaire zu derselben im höchsten Grade peinlich wäre, wenn der Stadt wieder eine Sammlung zukäme, bei der die Namen Zeppelin und Macaire erscheinen wie bei den Mineralien. Für eine Schenkung erntest Du keinen Dank und erweckst noch den Eindruck, Du wolltest die Stadt zu unseren Gunsten schmieren. Und Stromeyer macht sich einfach lustig über Dich. Durch einen Verkauf wird viel nicht zu erreichen sein und überhaupt sind die Konstanzer solche Schweinepelze, daß sie auch keinen guten Kauf verdienen." [88]

Hinter diesem Streit aber stand die ideologische Auseinandersetzung eines wirtschaftlichen und politischen Liberalismus des Konstanzer Bürgertums mit dem als anmaßend und reaktionär geschmähten Grafen, der zäh die Eigentumsrechte seiner Familie an der Dominikanerinsel verteidigte. Die Familie gewann den Prozess, der Graben um die Insel durfte nicht zugeschüttet werden. Das Gelände vor der Bahnlinie wurde zwar bis in die Nähe der Insel aufgeschüttet, doch das Bebauungsprojekt scheiterte. Als die brach liegende Fläche schließlich 1879 zum Stadtgarten umgewidmet und bepflanzt wurde, übernahm Graf Zeppelin als

Das zum Festsaal umgestaltete Kirchenschiff des Dominikanerklosters mit Bankett-eindeckung, um 1875.

Eine Top-Adresse des europäischen Adels: das Inselhotel nach der Jahrhundertwende.

versöhnliches Zeichen die Kosten des dort angelegten neuen „Schwanenteichs".

Auch das Wettrennen um das erste Haus am Platze gewann der württembergische Graf: Am 15. Januar 1875 wurde das „Insel-Hotel" eröffnet. Schon Monate zuvor waren im ehemaligen Kirchenschiff, das zum Festsaal ausgestaltet worden war, Konzerte und eine Fasnachtsveranstaltung unter großem Zulauf der Konstanzer Bevölkerung veranstaltet worden. Im Juli desselben Jahres zog das „Bad-Hotel" mit einem Festessen für die städtischen Honoratioren nach. Doch schon nach einem Jahr folgte die Schließung des Hotels, obwohl die Stadt bis zuletzt durch eine rechtlich fragwürdige Übernahme von Grundstücken und Aktien versucht hatte, den Konkurs der Gesellschaft zu verhindern. Im Zusammenhang mit weiteren Konkursen, bei denen Konstanz viel Geld verlor, musste Bürgermeister Stromeyer im Frühjahr 1877 zurücktreten und alle seine Ämter niederlegen. Die Zeppelins übernahmen das „Bad-Hotel", das zunächst als „Konstanzer Hof" und später als Sanatorium weiter betrieben wurde.

Das „Insel-Hotel" dagegen, das nun einer Aktiengesellschaft gehörte, deren Gesellschafter zum größten Teil der Familie Zeppelin entstammten, florierte und wurde 1888 von Kaiser Friedrich III. als das *liebste Hotel von allen, die ich schon besucht habe* bezeichnet, – ein Ausspruch der fortan die Prospekte des Hauses

Erst Konkurrenz, dann Konkursmasse: Die Zeppelins kauften 1878 das insolvente „Bad-Hotel", das spätere Sanatorium Büdingen.

zierte. Die Sommerresidenzen des Großherzogs von Baden auf der Insel Mainau und des württembergischen Königs in Friedrichshafen zogen in diesen Jahren den europäischen Hochadel an den Bodensee. Auch das prosperierende Großbürgertum entdeckte die südliche Landschaft: In den damals zwischen Schaffhausen und Bregenz entstehenden Hotelpalästen genoss die zahlungskräftige Kundschaft in vornehmen Suiten, an eigenen Badestränden und auf Segeljachten ein quasi-adeliges Lebensgefühl. Bis zum Ersten Weltkrieg zog das durch seinen adligen Direktor anfangs besonders hervorgehobene und exquisit ausgestattete „Insel-Hotel" höchste Kreise an: Regelmäßig logierten Mitglieder der russischen Zarenfamilie, württembergische und preußische Prinzen, die Königin von Holland und hohe deutsche Militärs im Haus. Auch das Gefolge des betagten Kaisers Wilhelm I., durch seine Tochter Luise Schwiegervater des badischen Großherzogs, logierte während der Besuche des Kaisers auf der Mainau oft wochenlang im Hotel.[89]

Nach Eberhard von Zeppelins Tod 1906 erwarb der bisher angestellte Hoteldirektor Matthys Brunner, ein robuster Schweizer Gastronom, das Hotel. Seine Familie leitete das Haus bis in die 1960er Jahre, dann wurden Hotel und Insel an das Land Baden-Württemberg verkauft. Der neue Eigentümer stellte das ehemalige Kloster vorübergehend der eben gegründeten Reformuniversität Konstanz zur Verfügung, deren Vorlesungsbetrieb hier begann, bis die Neubauten auf dem stadtnahen Gießberg bezugsfertig waren. Heute gehörte das Hotel der badischen Staatsbrauerei Rothaus und wird von der Steigenberger-Gruppe betrieben.

Sonja hat sich im Fasching famos amüsiert, der Inselball war in der That brillant und ein maskiertes Tanzvergnügen unserer engeren bekannten Gesellschaft im Macaire'schen Salon über die Maßen heiter und gelungen.

Hotelgründer Eberhard von Zeppelin an seinen Bruder Ferdinand
über die Fasnachtssaison 1881

NAHE AM
Konkurs:
DIE ZEPPELINS IN NÖTEN

𝓔ine Episode aus den Jahren der Auseinandersetzung mit den führenden national-liberalen Köpfen zeigt den Grafen Eberhard – nach seiner antipreußischen Parteinahme im Krieg von 1866 – noch einmal als politisch engagierten Menschen: Zur Reichstagswahl des Jahres 1873 ließ er sich als Kandidat einer gemischten Interessensgruppe von konservativen Protestanten, papsttreuen Katholiken und einigen Demokraten aufstellen. Für den Fall seiner Wahl als Abgeordneter des ersten badischen Wahlkreises erklärte der Graf, er werde sich dann im Reichstag der deutschen Reichspartei, den sogenannten Freikonservativen, anschließen.

Ohne Erfahrung im politischen Alltagsgeschäft der Parteien musste sich Eberhard über die öffentliche Wirksamkeit und inhaltliche Überzeugungskraft seiner Kandidatur deutlich getäuscht haben. Kaum hatte er sein politisches Programm öffentlich vorgestellt, als das Presseorgan der nationalliberalen Partei, die „Konstanzer Zeitung", über den selbsternannten Politiker herfiel. Mit ironischen Bemerkungen wird Zeppelin in der Ausgabe vom 1. Dezember 1873 lächerlich gemacht:

„Herr Graf Zeppelin versendet ein lithographiertes, von ihm jedoch nicht unterzeichnetes Programm im Wahlkreis, welches unter einem liberal sein sollenden Wortschwall den Ultramontanen und Sozialisten Liebesblicke zuwirft, und hofft darauf hin gewählt zu werden. (...) Persönliche Notizen über den Grafen zu geben sind wir außer Stande. Er wohnt in der Schweiz unfern Konstanz und ist im ganzen Wahlkreis so gut wie unbekannt. Selbst hier in der Stadt kennt man ihn nur vom Sehen, da er hie und da in etwas phantastischem Aufzug (mit weißer Jokey-Mütze) durch die Straßen reitet (...) Wenn ein solch unbekannter Herr Graf glaubt, er dürfe nur mit einem Papierwisch kommen und der ganze Wahlkreis werde sich glücklich schätzen, Sr. Gnaden zu Füßen fallen zu dürfen, so wird er die Bevölkerung des Seekreises von einer ganz anderen Charakterseite kennen lernen."

Auch auf andere Weise bekam Eberhard von Zeppelin die Macht der nationalliberalen Zeitung zu spüren: Als er wenige Tage später um Aufnahme seines

Programms in den Inseratenteil der „Konstanzer Zeitung" bat, verweigerte ihm dies die Redaktion mit Hinweisen auf die *„nothwendige Parteidisziplin"* gegenüber der nationalliberalen Partei. Schließlich wurde Graf Zeppelin von einigen Honoratioren der Nationalliberalen gedrängt, auf seine Kandidatur zu verzichten, um eine Stimmenzersplitterung zu verhindern, von der die ultramontanen Katholiken – also die an der Papstkirche orientierten Vertreter des politischen Katholizismus – profitiert hätten.

In der zweiten Hälfte der siebziger Jahre wurde Eberhards wirtschaftlicher Optimismus stark gedämpft: Missernten bei Wein- und Ackerbau auf dem Gut Ebersberg und nur langsam ansteigende Besucherzahlen im Hotel, dazu zahlreiche Aktienverluste durch Misserfolge von Unternehmungen, an denen die Macaire-Bank beteiligt war, ließen die Einkünfte des vielseitig tätigen Geschäftsmannes merklich schrumpfen. Anfang 1877 hatte Eberhard in einem Brief an seinen Bruder noch gehofft, dass er *„am Ende der mageren Jahre angelangt"* sei und *„bald die Früchte meiner vielen Mühe und Arbeit werde pflücken können."* In seinen Worten schwang Bitterkeit über das ihm zugefallene Los eines Hotelkaufmanns mit: Gerne hätte er seine Arbeitskraft *„für größere Zwecke"* aufgewendet. Aber auch als Hotelier und Bankier habe er *„ehrlich und treu"* seine Pflicht getan, *„auf einem Felde, das mir einmal durch die Verhältnisse zugewiesen war, wie es mir versagt war, auf einem mir erwünschten Gebiete thätig zu sein. Man muss das Leben halt nehmen, wie es ist und still halten, wenn's auch gar nicht so kommt, wie man sich's gedacht und vorgesetzt hat."* **90**

Der alte Inselhotel-Festsaal vor dem Umbau Mitte der 1960er Jahre.

In einer Szene des berühmten, von Carl von Häberlin geschaffenen Freskenzyklus im Kreuzgang des Inselhotels taucht auch Eberhard von Zeppelin auf: In der Hofuniform eines württembergischen Kammerherrn.

Die Hoffnung auf bessere Zeiten trog: Für das Jahr 1878 künden seine Briefe von einem harten Sparprogramm der Familie auf Ebersberg, denn zu dieser Zeit lebte Eberhard bereits von der Substanz seines Vermögens. Schließlich ging der finanzielle Niedergang kurzfristig so weit, dass Eugenie und Ferdinand da und dort privat Beihilfen leisteten, um das Nötigste zu sichern. In dieser Situation dachte Eberhard daran, in den diplomatischen oder juristischen Staatsdienst zurückzukehren. Ferdinand als einflussreicher Militär und der am Oberlandesgericht Stuttgart tätige Schwager Wilhelm von Gemmingen nahmen mit den betreffenden Stellen Fühlung auf. Das Resultat befriedigte Eberhard nicht: In Regierungskreisen hatte man kein Interesse, dem querköpfigen Grafen eine gehobene Position anzubieten. Der an Selbständigkeit und Eigenbestimmung gewohnte Eberhard machte seiner Wut über die wenigen mageren Angebote, die eingingen, sogleich Luft und lehnte ab. So konnte man, nach seinem Verständnis, einen Zeppelin nicht behandeln. Grollend blieb er auf seinem Ebersberg, schlug sich weiterhin mit Agrarpreisen, Zinsfüßen, dem Hotelbetrieb und den mangelhaften schulischen Leistungen seiner Söhne herum, deren Versagen er nicht zuletzt der ungenügenden Vorbereitung an der Emmishofer Schule zum Übergang ins Gymnasium und den *„schlechten Elementen"* unter den Lehrern am Konstanzer Gymnasium zurechnete.

Vater Fritz von Zeppelin als Jäger. Er starb 1886 in Stuttgart.

Hinzu kam in jenen Jahren eine Sorge, die alle drei Zeppelin-Geschwister gleichermaßen betraf. Seit seine drei Kinder eigene Familien gegründet hatten und damit seine Lebensaufgabe erfüllt war, hatte Vater Fritz von Zeppelin viel von seiner Energie und Motivation verloren. Allein in Stuttgart lebend war für den alternden Mann im Laufe der Jahre die Jagd einzige Passion geblieben. Hatte er anfangs noch intensiv am Leben Ferdinands und Bellas, zu der er eine besondere Zuneigung entwickelte, teilgenommen, so wurde auch dieser Kontakt durch den Wegzug der beiden schwächer. Anfangs war es Bella gelungen, auch ihren Schwiegervater zur Homöopathie zu bekehren. Doch alleine auf sich gestellt, nur noch bei seltenen Besuchen mit seinen Kindern zusammen, hatte Vater Zeppelin schließlich sein Vertrauen in diese Heilkunst verloren.

Für einige Zeit wohnte der alte Herr bei Ferdinand und Bella in Ulm, dann kehrte er nach Stuttgart zurück, wo sich bald der Zustand des über 70Jährigen weiter verschlechterte. Keines der Geschwister konnte oder wollte den Vater für dauernd im eigenen Haus aufnehmen, so dass im Jahr 1881 eine Pflegerin und ein Bediener für ihn angestellt wurden. Fünf Jahre später, am 15. Mai 1886, starb Friedrich Graf von Zeppelin, der große Netzwerker und jahrzehntelange Mittelpunkt seiner Familie, im Alter von 78 Jahren in Stuttgart.

Kaiser Wilhelm II. (li.) besuchte 1888 das Inselhotel. Der während der Sommermonate auf der Mainau residierende badische Großherzog Friedrich I. (Mitte) war häufiger Gast.

Ende der 1880er Jahre hatte sich in Konstanz die wirtschaftliche Lage des Insel-Hotels endlich konsolidiert und die Familienaktionäre der Hotelgesellschaft wagten eine größere Erweiterung und künstlerische Ausschmückung des Hauses. Der renommierte Historienmaler Carl von Häberlin wurde gewonnen, den einstigen Kreuzgang des Klosters mit 26 Monumentalgemälden zur Geschichte des Dominikanerklosters auszuschmücken. Doch die Realisierung des Auftrags zog sich ein Jahrzehnt lang hin, weil Künstler und Auftraggeber über Bildthemen und Honorarforderungen immer wieder in Auseinandersetzungen gerieten.

Noch dramatischer entwickelten sich der Erweiterungsbau des Stammhauses und die Belastungen durch den seinerzeit übernommenen „Konstanzer Hof". Dessen Kosten standen keine ausreichenden Einnahmen mehr gegenüber: Die Zeppelins hatten die Nachfrage nach Hotelbetten in der kleinen Bodenseestadt überschätzt. Die Lage spitzte sich ausgerechnet im Jahr 1891 zu, als der größte Investor, Ferdinand von Zeppelin, gerade aus dem Militärdienst entlassen worden war und selbst vor einer ungewissen Zukunft stand. Eberhards Briefe an seinen Bruder künden vom Ernst der *„fatalen Lage"*, in der sich die Brüder wirtschaftlich befanden. Dabei bediente sich der seit längerem von einschlägigen Ressentiments erfasste Eberhard einer antisemitischen Entlastungsstrategie: Er müsse sich „schuldig bekennen", dass er sich in der Führung der Geschäfte *eben nur durch den gesunden Menschenverstand habe leiten lassen und nicht durch einen – wie soll ich sagen? – mehr oder weniger jüdisch gebildeten besonderen Geschäftsverstand."* [91]

Die Zeppelins hatten ein Liquiditätsproblem: Die Belastungen durch den inzwischen als Sanatorium betriebenen „Konstanzer Hof" waren inzwischen mit 100.000 Reichsmark auf das Doppelte der angenommenen Größenordnung gestiegen, weil Einnahmen fehlten. Die familiären Rücklagen des Bankhauses Macaire reichten nicht mehr aus, die Verbindlichkeiten zu befriedigen. Die „*Zahlungseinstellung könnte daher jeden Tag nötig werden*", beichtete Eberhard dem Bruder. In dieser Situation, in der er schon den Verlust seiner Existenz und Ehre befürchtete, schlug der hoch alarmierte Eberhard von Zeppelin seinem – dank des Vermögens von Ehefrau Isabella – wohlhabenderen Bruder vor, den „*Konstanzer Hof*" mit fünf Hektar Land für 560.000 Reichsmark zu übernehmen.[92] Dazu kam es nicht: Das neue Jahr entwickelte sich viel besser als erwartet und der „Konstanzer Hof" konnte an einen Arzt verkauft werden. Die Zeppelins hatten, soweit die Zahlen der marginal erhaltenen Quellen das erkennen lassen, den Konkurs gerade noch vermeiden können.

Ich spreche hier keineswegs verbittert, sondern im Hinblick auf die Zukunft meiner armen Kinder in furchtbarem Ernst.

Eberhard von Zeppelin in höchsten Finanznöten
an seinen Bruder Ferdinand, Januar 1891

Politischer Gegner und Erzrivale: Der liberale Konstanzer Oberbürgermeister Max Stromeyer.

EIN
Doktorhut
FÜR
DEN „KAHLKOPF"

Die beiden letzten Lebensjahrzehnte Eberhards sind in gleichem Maße von Anerkennung seiner Arbeit durch eine breite Öffentlichkeit wie auch durch schweres persönliches Leid gekennzeichnet. Beruflich fand er in dieser Zeit zu einem neuen Betätigungsfeld, das ihm tiefe Befriedigung verschaffte. Seit 1870 schon Mitglied im Bodensee-Geschichtsverein, wurde er 1875 als badischer Vertreter in dessen Länder-Ausschuss und 1893 ins Amt des Präsidenten berufen.

Im Rahmen dieser Tätigkeit entstand eine Reihe bedeutender wissenschaftlicher Arbeiten zur Geschichte des Bodenseeraums, seiner naturgeschichtlichen und physikalischen Verhältnisse. Dabei betätigte sich Eberhard von Zeppelin als Autor und Herausgeber, unter anderem im Auftrag des Württembergischen Statistischen Büros. Die internationale Resonanz bestätigte den Wert dieser Arbeit: 1890 wurde Zeppelin zum Ehrenmitglied der „Société Bourguignonne de Géographie et d'Histoire" von Dijon ernannt, fand Aufnahme bei Veranstaltungen des „Deutschen Geographentages", der „Schweizerischen Naturforschenden Gesellschaft" und erhielt eine Berufung in den Beirat des „Deutschen und Österreichischen Alpenvereins". Anerkennend schrieb Bruder Ferdinand an den früheren Hauslehrer Robert Moser: *„Eberhard wird immer mehr Alterthumsforscher und zahlreiche Gelehrte von überall her wenden sich an ihn um Rath oder Auskunft."* [93]

Eberhard von Zeppelin wenige Jahre vor seinem Tod 1906.

1899 verlieh ihm die naturwissenschaftliche Fakultät der Universität Tübingen die Ehrendoktorwürde. In einen Brief kommentierte er die Ehrung durch die Universität: *„Sie war es, die sich meines Kahlkopfes durch Verleihung des Doktorhutes erbarmte."* [94] In seinen letzten Lebensjahren wurde Eberhard schließlich zum ersten Propagandisten des Luftfahrtprojekts, das den älteren Bruder Ferdinand umtrieb. Unmittelbar nach den ersten Flugversuchen im Sommer 1900 veröffentlichte er eine sorgfältig erarbeitete und umfassende Darstellung der Probleme und Chancen des lenkbaren Luftschiffs, dem der geliebte Bruder Ferdinand seine ganze Lebensenergie gewidmet hatte.

Die nächste Hotel-Generation: Rosaly Brunner (links sitzend) und ihr Mann Mathys erwarben Liegenschaft und Betrieb.
Anfang der 1960er Jahre verkauften ihre Nachkommen das Inselhotel an das Land Baden-Württemberg.

Auf dem heimischen Ebersberg hatte Eberhard in dieser Zeit niemanden mehr, mit dem er die Freude über die wissenschaftliche Ehrungen hätte teilen können. Seine Söhne hatten das Haus zu Militärdienst und Ausbildung verlassen. Sonja und Eberhard aber lebten seit 1894 getrennt. *„Die Stimmung der beiden gegeneinander"*, so schreibt Eugenie im Frühjahr 1894 an die Schweizer Cousine Amélie, *„wird immer schärfer und erbitterter und menschlich gesehen ist wenig Hoffnung, daß sie sich wieder vereinigen können."* Die Spaltung zwischen den Eltern übertrug sich auf die Kinder: Der älteste Sohn Eberhard hielt zur Mutter, während Heinrich zum Vater neigte. Diese Entfremdung reichte weit, schließlich wurden sogar die gegenseitigen Besuche der Kinder beim jeweils anderen Elternteil eingestellt. Erst am Sarg des Ehemanns und Vaters, im Vestibül vor dem Saal des Insel-Hotels, kam die Familie zwölf Jahre später wieder zusammen.

Heinrich, genannt „Harro", der zweitälteste Sohn, war zu diesem Zeitpunkt schon nicht mehr am Leben. Als Hauptmann eines deutschen Freiwilligen-Korps im Dienste der südafrikanischen Republik war er im Oktober 1899 im Burenkrieg gefallen. Der Tod des Sohnes, die Zerrüttung seiner Ehe und neue geschäftliche Sorgen beim Betriebe des Insel-Hotels, dessen Betriebs-Direktor 1901 plötzlich gestorben war, zehrten an Eberhards ohnehin angegriffener Gesundheit.

Immer öfter musste er tagelang im Bett bleiben, obwohl ihm – bedingt durch die Herzkrankheit – das Liegen zur Qual wurde. Einem Freund beschreibt er diesen Zustand, sichtlich um humorvolle Ergebenheit in sein Schicksal bemüht: *„Da* *bekomme ich sofort Bangigkeiten, und es reißt mich mit Gewalt in die Höhe; ja ich habe sogar den Vorteil, daß ich länger (mit Bewußtsein) lebe als andere, die einen größeren Teil ihres Lebens verschlafen. Und je weniger ich erwarten kann, daß mein Leben überhaupt noch lange währe, desto mehr habe ich Ursache, mich an das bißchen, was mir vielleicht noch bleibt, zu halten. S' ist mithin der reinste Profit."* [95]

Eine Darmoperation im August 1906 im Konstanzer Krankenhaus überlebte Eberhard nur um wenige Wochen. Wenige Tage vor seinem Tod am 30. Oktober machte der in Friedrichshafen arbeitende Ferdinand seinem sterbenden Bruder eine letzte Freude: In geringer Höhe überflog Ferdinand das Krankenhaus, so dass Eberhard von seinem Bett aus das Luftschiff sehen konnte.

Zeppelin-Begeisterung: Ein Luftschiff über einer deutschen Großstadt.

Gestern Abend 7 bis 9 Uhr hatten wir, damit es an Abwechslung nicht fehle, einen Kaminrußbrand im großen Küchenkamin der Insel, der einige Stunden später ausgebrochen, höchst gefährlich hätte werden können. Es waren Funken durch den Wind über die Ziegel getrieben worden und hatten schon ein paar Dachsparren entzündet!

Hoteldirektor Eberhard von Zeppelin an seinen Bruder Ferdinand, Februar 1891

ZEPPELINS
Erben

Hella von Brandenstein-Zeppelin 1910 mit ihrer ersten Tochter Isa.

Mit dem Tod der drei Geschwister Eberhard, Eugenie und Ferdinand wurden die bisher engen Bindungen der Familie an die einstige Heimatstadt Konstanz schwächer. In Friedrichshafen blieben die Erben als Anteilseigner und Stiftungs- und Aufsichtsräte im wachsenden Zeppelin-Konzern dagegen präsent. Ein knappes Jahrzehnt vor seinem Tod hatte Ferdinand als der berühmteste der drei Zeppelin-Kinder im Rahmen ausgedehnter Festlichkeiten zu seinem 70. Geburtstag noch die Ehrenbürgerwürde seiner Geburtsstadt Konstanz erhalten. Auch Tochter Hella wurde diese Ehrung in Erinnerung an das Werk ihres Vaters anlässlich des 25jährigen Bestehens des Zeppelin-Luftschiffbaus im Sommer 1925 zuteil. Sie ist bis heute die einzige Konstanzer Ehrenbürgerin neben einer langen Reihe von Männern.

Einige Söhne und Töchter der drei Geschwister Zeppelin blieben der Familientradition treu: Wie ihre Vorfahren aus drei Generationen dienten sie dem Staat. Eberhard junior und Erich, zwei der drei überlebenden Söhne von Eberhard und Sonja von Zeppelin wurden Offiziere. Erich ging zur Marine, stieg nach einer eher unspektakulären Karriere in den Rang eines Kontreadmirals auf und starb 1927, nur 54jährig. Ferdinand junior studierte Ingenieurwissenschaften und wurde noch von Onkel Ferdinand senior in den Aufsichtsrat der Stiftung berufen. Eberhard von Zeppelins Söhne Ferdinand und Erich ruhen neben ihrem Vater in einem heute denkmalgeschützten repräsentativen Familiengrab auf dem Konstanzer Hauptfriedhof.

Amélie, Tochter von Eugenie und Wilhelm von Gemmingen, trat als Hofdame in den Dienst der letzten württembergischen Königin Charlotte. Nach dem Ende der Monarchie blieb die bis zu ihrem Tod 1938 Unverheiratete in Friedrichshafen wohnen. Ihr ältester Bruder Carl wurde Diplomat im Auswärtigen Amt in Berlin. Während des Ersten Weltkriegs kommandierte er ein Luftschiff. Er gehört zu den Wenigen, die diese Einsätze überlebten. Sein jüngerer Bruder

Max hatte die Offizierslaufbahn gewählt. Als Offiziersanwärter war er in das Ulmer Regiment seines Onkels Ferdinand aufgenommen worden und hatte 1901 an der blutigen Strafexpedition des Grafen Waldersee gegen den „Boxer-Aufstand" in China teilgenommen. Während des Ersten Weltkriegs wurde er als Oberstleutnant Kommandeur der „Österreichisch-Deutschen Bodensee-Flottille". Diese Miniaturmarine war zum Schutz vor Fliegerangriffen und zur Abwehr von Rüstungs- und Kriegsspionage aufgestellt worden. Die Militärs befürchteten, dass sich Spione der Entente von der Schweiz aus über den See in deutsche Unternehmen einschmuggeln könnten.[96]

Zeppelins Neffe Max von Gemmingen.

Zu seinem Neffen Max von Gemmingen entwickelte Ferdinand von Zeppelin ein besonders enges Vertrauensverhältnis. Testamentarisch bestimmte er Max zum Nachfolger an der Spitze der Zeppelin-Stiftung. Bis zu seinem frühen Tod 1924 stand Max von Gemmingen der Stiftung vor.

Drei Jahre nach dem Tod des Gründers berief der neue Stiftungs-Vorstand 1920 den Journalisten Hugo Eckener in seine Reihen. Während des Ersten Weltkriegs war die Zeppelin-Industrie durch Rüstungsaufträge auf 10.000 Mitarbeiter angewachsen. Infolge der alliierten Sanktionen gegen den Kriegsverlierer Deutschland wurde der Bau von Luftschiffen nun verboten, Tausende verloren ihre Arbeit, der Konzern drohte ohne neue Ausrichtung auseinanderzubrechen. So hatten die einst stolzen Luftschiffwerke unmittelbar nach dem Krieg unter ande-

Eberhard von Zeppelins Grab und das seiner Söhne auf dem Konstanzer Hauptfriedhof.

Hella von Brandenstein-Zeppelin mit ihren Kindern (v.l.) Isa, Elisabeth, Alexander und Alexa 1964 auf Burg Brandenstein.

rem Spätzlepressen aus Aluminium produziert, um zu überleben. Während der seit 1915 amtierende Generaldirektor des Zeppelin-Konzerns, Alfred Colsman, den erneuten Bau von Luftschiffen für ökonomischen Unfug hielt und energisch neue Geschäftsfelder erschloss, betrieb Eckener, ein begnadeter Propagandist der Luftschiffsache, im Auftrag der Traditionalisten um Max von Gemmingen die Wiederaufnahme des Luftschiffbaus. Der Konzern solle wieder ein „Erfinderunternehmen" werden, forderte Gemmingen. Die Traditionalisten setzten sich weitgehend durch, nach 1922 begann die zweite Ära des Luftschiffbaus.⁹⁷

Damit blieb auch die Familie in Stiftung und Unternehmen engagiert. Für Graf Zeppelins Tochter Hella, die 7,5 Prozent der Anteile an der Luftschiffbau Zeppelin GmbH hielt, nahmen deren Mann Alexander von Brandenstein-Zeppelin und nach dem Zweiten Weltkrieg ihre Nachkommen die Interessen der Familie wahr. Während der nationalsozialistischen Aufrüstungspolitik nach 1933 florierten die Unternehmen des Zeppelin-Konzerns. Ab 1935 übernahm Reichsmarschall Hermann Göring, Chef der Deutschen Luftwaffe, den Vorsitz der Deutschen Zeppelin Reederei GmbH – zum Missfallen Hugo Eckeners. Im Dezember 1938 trat Hella von Brandenstein-Zeppelin in Anwesenheit von Reichskanzler Adolf Hitler und Reichsmarschall Hermann Göring als Taufpatin der „Graf Zeppelin", des neuen, danach nie eingesetzten Flugzeugträgers der Reichsmarine, auf. Ihr Mann, Alexander Graf von Brandenstein-Zeppelin, nach der Familienüberlieferung ein militärisch strenger und unnahbarer Charakter, wurde während des Zweiten Weltkriegs als Offizier für drei Jahre reaktiviert. Zunächst diente er 1940 bei der deutschen Militärverwaltung im besetzten Paris und von 1941 bis 1943 als Generalstabschef der deutschen Truppen in Dänemark. Nach dem Krieg wurde er wegen seiner Generalstabstätigkeit von den US-Streitkräften längere Zeit interniert, dann aber 1946 rehabilitiert.

Im Übrigen bemühte sich die Familie, nach bisheriger Quellenkenntnis, zum NS-Regime eine gewisse Distanz zu halten. Widerwillig habe ihre Mutter, wie Tochter Alexa in ihren späteren Lebensjahren berichtete, zur Kenntnis genommen, dass das Luftschiff „Graf Zeppelin" im September 1933 am Parteitag der NSDAP in Nürnberg teilgenommen und Hitler die Luftschiffe „Hindenburg" und „Graf Zeppelin" auch später zu Propagandazwecken genutzt hatte. Gelegentlichen öffentlichen Auftritten entzog sich Zeppelins Tochter Hella nicht. Die Rituale des nationalsozialistischen Staats scheinen der als zurückhaltend und vornehm beschriebenen Dame aber zumindest fremd geblieben zu sein: In ihrem privaten Nachlass befindet sich ein kleiner gefalteter Spickzettel mit dem handgeschriebenen Refrain des Horst-Wessel-Lieds, das jeweils zusammen mit der Nationalhymne gesungen wurde und dessen Text sie sich offenbar nicht hatte merken können oder wollen.[98] Der Krieg, von dem die Familie über die Gewinne der Zeppelin-Industrie wirtschaftlich profitierte, forderte von ihr auch ein Opfer: 1944 ist Hella und Alexander von Brandenstein-Zeppelins ältester Sohn Ferdinand 22jährig während des Kriegs gegen die Sowjetunion gefallen.

Graf Zeppelins Ehrenbürgerbrief mit Schatulle, Gabe der Stadt Konstanz zum 70. Geburtstag 1908.

Besuch der Schwiegereltern Bella und Ferdinand von Zeppelin im Juni 1909 beim frisch vermählten Paar Alexander und Hella von Brandenstein-Zeppelin auf Burg Brandenstein.

Burg Brandenstein oberhalb von Schlüchtern-Elm in der Nähe von Fulda gelegen.

Hella hatte nach dem Tod der Eltern Schloss Girsberg geerbt. Der Landsitz auf Schweizer Boden blieb auch in der nächsten Generation die sommerliche Familienzentrale. Hella von Brandenstein-Zeppelin und ihr Mann hatten fünf Kinder. Sie lebte mit den Kindern überwiegend in Schloss Mittelbiberach, er auf Burg Brandenstein. Die zweitgeborene Tochter, Mathilde Alexandra, verheiratete von Koenig-Warthausen, die sich seit ihrer Hamburger Zeit als Opernsängerin „Alexa" nannte, folgte den Eltern als Schlossherrin des Girsberg. Ihre ältere Schwester Isa, gelernte Gartenbauinspektorin, erbte Burg Brandenstein bei Schlüchtern-Elm, wo sie Obstbau trieb und ein Bauerngerätemuseum einrichtete. Die öffentlich zugängliche Burg wird heute von ihrem Neffen, Dr. Constantin von Brandenstein-Zeppelin und seiner Frau Amelie, liebevoll erhalten. Isas und Alexas Bruder Alexander, ein Forstwirt, übernahm das aus einer Nebenlinie der Familie hinzu gekommene Schloss Mittelbiberach. Dort befinden sich heute unter der Fürsorge von Alexanders Sohn Albrecht Graf von Brandenstein-Zeppelin der bedeutende Nachlass und das Archiv des Urgroßvaters. Die jüngste Tochter von Hella und Alexander von Bandenstein-Zeppelin, Elisabeth, heiratete einen Arzt. Sie lebt als letztes der fünf Kinder heute hochbetagt bei Stuttgart.

Nach dem Zweiten Weltkrieg wurde Schloss Girsberg von den Eidgenossen auf Druck der Alliierten als „Deutsches Vermögen im Ausland" beschlagnahmt und zunächst als Wohnraum für notleidende Familien genutzt. Erst 1952 konnte Hella von Brandenstein-Zeppelin das Gut gegen eine Ablösesumme zurück erwerben. Nach der Scheidung von Baron Koenig-Warthausen im Jahr 1955 lebte ihre Tochter Alexa von Koenig-Warthausen auf dem Girsberg. Nach fast 100 Jahren wurde das Schloss damit wieder dauerhafter Wohnsitz eines Familienmitglieds. Anfang der 1980er Jahre verbündete sich Alexa von Koenig-Warthausen mit dem Schweizer Ehepaar Kurt und Jolanda Schmid-Andrist, die Girsberg zu einem markanten Kulturtreffpunkt der westlichen Bodenseeregion ausbauten und entwickelten. 1997 ist die letzte „Grande Dame" der Zeppelins am Bodensee auf Schloss Girsberg gestorben. Ihre Urne wurde im Park beigesetzt.

Das Ehepaar Schmid-Andrist hatte das Schloss bereits einige Jahre zuvor von ihr erworben und seither alle Gebäude vorbildlich restaurieren lassen. Seit 1993 finden auf Schloss Girsberg Freiluft-Theateraufführungen statt. Die Alt-Schlossherrin Alexa spielte in ihren letzten Lebensjahren in Dürrenmatts „Der Besuch der alten Dame" selbst noch mit. Heute ziehen ein kleines Zeppelinmuseum und ein Puppenmuseum viele Gäste an und die inzwischen ausgebaute „Kulturscheune" ist als Veranstaltungs- und Tagungsort weithin bekannt. In jedem Jahr feiern zahlreiche junge Menschen auf dem Schlossgut ihre Hochzeit. Schauspiel, Literatur und Musik haben dort eine Heimat gefunden.

Der Gelegenheitsdichter und Musenfreund Fritz von Zeppelin, sein gastfreundlicher Sohn Ferdinand, die briefschreibende Schwester Eugenie, der adelsstolze Eberhard und die kulturell gebildete Isabella von Zeppelin hätten am neuen Leben, das auf ihrem geliebten Schlösschen herrscht, ohne Zweifel ihre Freude.

Ein Fest auf Schloss Girsberg (v. li.): Isa von Brandenstein, ihre Schwester Alexa von Koenig-Warthausen, die Schloss-Nachfolger Jolanda und Kurt Schmid-Andrist und Friedrich-Karl von Koenig-Warthausen.

Die Macht der Bilder: Solche heroischen Aufnahmen des alten Grafen wurden tausendfach verbreitet. Sie trugen bei zur Stilisierung Zeppelins zum „Deutschen Messias der Lüfte".

Graf Zeppelin

UND DIE IDEE VOM RIESENLUFTSCHIFF

Jürgen Bleibler

Ein Luftschiff muss, um brauchbar zu sein, sich vor allem in die Luft erheben können.

Ferdinand von Zeppelin

FLUCHTEN
AUS DER
Dienstroutine

Ferdinand von Zeppelin war begeisterter Soldat und ein Mann der Technik: Auf seinen Reisen durch Europa und die Vereinigten Staaten von Amerika benutzte er die neuen Verkehrsmittel Dampfschiff und Eisenbahn, er betrieb Kommunikation mit Hilfe der neuen Telegrafie und begeisterte sich für Schiffe und Häfen sowie für alle Neuerungen der Waffentechnik. Dadurch erwarb er sich schon in jungen Jahren ein umfassendes technisches Urteilsvermögen, das ihn befähigte, technische Innovationen zu verstehen und urteilssicher zu bewerten. So war es nur eine Frage der Zeit, bis auch die junge Luftfahrttechnik seine Neugier weckte. Auch wenn die Luftfahrt im mittleren 19. Jahrhundert vielen Zeitgenossen noch als Phantasterei verschrobener Erfinder galt, beschäftigten sich doch auch zunehmend vernünftige und technisch versierte Köpfe mit den Möglichkeiten des Fliegens. Zeppelins eigener Beitrag dazu, manifestiert im ersten Aufstieg seines lenkbaren Luftschiffs am 2. Juli 1900 über dem Bodensee bei Manzell, beförderte das Zusammenwachsen der Welt durch moderne Verkehrsmittel. Zugleich ist Graf Zeppelin auch einer der Protagonisten der militärischen Nutzung der Luftfahrt, wenn man so will: einer der Väter des Luftkriegs, der im Ersten Weltkrieg begann, die Zivilbevölkerung in das Grauen der Kämpfe einzubeziehen.

Ferdinand von Zeppelin war überaus neugierig auf die Welt. Er brannte darauf, andere Armeen, ihre Ausbildung und Neuerungen der Militärtechnik selbst kennenzulernen. Die zweite Hälfte des 19. Jahrhunderts war eine Zeit, in der die Technisierung des Alltags auch das Militär zu verändern begann. Viele Erfindungen hatten eine zivile und eine militärische Zukunft: So unterscheiden sich beispielsweise die konstruktiven und produktionstechnischen Anforderungen und Eigenheiten einer Nähmaschine nicht wesentlich von denen eines Maschinengewehrs. Beide Erfindungen erlebten seit dem späten 19. Jahrhundert ihren Siegeszug.

In dieser technikbegeisterten Zeit nutzte der junge Ferdinand von Zeppelin seine privilegierte Stellung als württembergischer Offizier und Mitglied einer hofadeligen Familie, um die Innovationen seines Fachgebiets in mehreren Ländern in Augenschein zu nehmen. Als 23jähriger Leutnant besuchte er 1861 Wien, wo er Truppenübung beobachten konnte. Im österreichischen Flottenstützpunkt Triest

Repräsentations-
gemälde des Grafen in
voller Ordensdekoration
und Großer Gala, von
Oskar Michaelis, aus
dem Jahr 1913.

faszinierten ihn Hafenanlagen und Kriegsschiffe. Das 1859 in Dienst gestellte, mit 90 Kanonen eindrucksvoll bestückte Segeldampflinienschiff „Kaiser" durfte er in Begleitung österreichischer Marineoffiziere genau erkunden.

Selbst in Toulon, dem wichtigsten französischen Flottenstützpunkt am Mittelmeer, wurde der junge württembergische Adlige freundlich aufgenommen. Vom Marinekommando bekam er die Erlaubnis, das Linienschiff „Ville de Paris", das Marinearsenal und die Befestigungsanlagen zu inspizieren.[1]

1862 fuhr Graf Zeppelin nach Antwerpen, wo ihn ein belgischer Hauptmann stundenlang über die Befestigungsanlagen führte. Diese galten damals als wegweisend im Festungsbau, waren sie doch darauf ausgelegt, dem Beschuss durch die damals hochmodernen „gezogenen" Geschützrohre zu widerstehen. Graf Zeppelin durfte während der Besichtigung keine Notizen oder Skizzen machen, verfasste aber aus dem Gedächtnis eine bemerkenswert exakte Denkschrift. Auch in London verschafften ihm Empfehlungen Zugang zu den Offiziersclubs von Army und Navy und zum exklusiven Athäneum-Club, in dem Künstler, Literaten, Wissenschaftler, Politiker und Adelige verkehrten.[2]

Neben dem Wunsch, seinen militärischen und gesellschaftlichen Horizont zu erweitern, war auch die Flucht aus der alltäglichen und oft gleichförmigen Dienstroutine des Militärs ein Motiv für seine Reiselust. Im Entwurf zu einer frühen Biografie des Grafen schrieb Zeppelins Zeitgenosse Major Oskar Wilcke: *„Er hatte Gefallen gefunden, an diesem Umherstreifen, das das Nützliche mit dem Angenehmen verbindend, sein Wissen bereicherte und seinen militärischen Blick ungemein schärfte."*[3]

Im Jahre 1867 reiste Ferdinand von Zeppelin als Begleiter des Königs von Württemberg nach Paris. Von überall her war die Prominenz der Einladung Kaiser Napoleons III. zur großen Weltausstellung gefolgt: der russische Zar, der König von Spanien, König Wilhelm von Preußen in Begleitung des Kronprinzen Friedrich und Bismarcks und, neben vielen weiteren, eben auch König Karl I. von Württemberg. Dass auf der Ausstellung die besonders reichhaltige Präsentation modernster Waffentechnik – so zum Beispiel ein neuartiges Belagerungsgeschütz von Krupp – Zeppelins besonderes Interesse fand, liegt auf der Hand.[4] Dem erstmals ausgestellten neuartigen Leichtmetall Aluminium, das rund 25 Jahre später für sein eigenes Luftschiffprojekt so bedeutsam werden sollte, schenkte er anlässlich dieses Besuchs noch keine Aufmerksamkeit. Seit der ersten Weltausstellung in London 1851 hatten sich die Weltausstellungen als internationale Leistungsschauen fest etabliert. Sie ermöglichten eine neue Form des grenzüberschreitenden Austauschs und Wissenstransfers. Luftfahrttechnik spielte auf den Weltausstellungen dieser Zeit allerdings noch keine Rolle.

Karikaturen schmälerten Zeppelins Ruhm nicht.

Bürgerkrieg
IN AMERIKA: BEOBACHTUNGSBALLONE UND ANDERES KRIEGSGERÄT

Im April 1863 fuhr Graf Zeppelin nach Nordamerika. Der damals tobende Bürgerkrieg zwischen den Nordstaaten und den sezessionistischen Südstaaten der USA faszinierte den jungen Offizier. Die politische Kernfrage des blutig ausgetragenen Konflikts, die verfassungsrechtliche Gleichstellung der Schwarzen, scheint Zeppelin nicht besonders berührt zu haben. Allerdings unternahm er seine militärische Bildungsreise als Gast der Armee der Nordstaaten und er nutzte eine Gelegenheit, sich Präsident Abraham Lincoln vorstellen zu lassen. Vor allem aber interessierten ihn militärische Aspekte: Er wollte das Milizsystem mit Wehrpflichtigen kennen lernen, Truppentaktik und moderne Waffentechnik studieren. In einem Brief an seinen Vater, der den demokratisch verfassten Vereinigten Staaten ablehnend gegenüber stand, schrieb er anerkennend: *„Insbesondere in Beziehung auf die Ausbeutung der Technik für militärische Zwecke sind die Amerikaner erfinderisch (…).“* [5]

Der 25jährige Ferdinand von Zeppelin zur Zeit seiner USA-Reise.

Der blutige Bürgerkrieg zog damals die Aufmerksamkeit aller Militärs auf sich, denn erstmals spielte in einem Krieg neuartige Waffen- und Transporttechnik eine bedeutende Rolle. In erstaunlichem Umfang wurde mit technischen Neuerungen experimentiert. Industriekapazität, Eisenbahn und Dampfschifffahrt wurden kriegsentscheidend. Erstmals kamen Vorläufer späterer Maschinengewehre zum Einsatz, versenkte ein Tauchboot durch einen Unterwasserangriff ein Schiff, kämpften gepanzerte Schiffe gegeneinander und wurden in größerem Umfang Ballone zur Aufklärung und zur Vorbereitung von Kampfhandlungen eingesetzt.[6]

Nach seinen Erlebnissen im Kampfgebiet auf Seiten der Nordstaatenarmee brach Zeppelin, getrieben von dem Wunsch die damals noch unentdeckte Wildnis des amerikanischen Kontinents zu erleben, in Richtung Mittelwesten auf. Während der Fahrt mit der Eisenbahn von den Niagarafällen über Buffalo entlang des Eriesees und weiter über Cleveland und Toledo nach Detroit beeindruckte ihn die Weite des Landes zutiefst. An den Vater schrieb er: *"Nachdem ich so lang mit der Geschwindigkeit einer amerikanischen Lokomotive über eine ebene Landschaft gefahren bin, kann man nicht anders, als fühlen, (…) dass das niemals endet. (…) Das ist sicher eindrucksvoller, als die Strecke von Biberach nach Ravensburg."* [7]

Mit einem Flussdampfer fuhr Zeppelin weiter nach St. Paul / Minnesota, damals das Zentrum der Schifffahrt auf dem Mississippi. In St. Paul hatte gerade ein reisender Ballonfahrer seine Zelte aufgeschlagen. Mutige konnten gegen Bezahlung an so genannten „gefesselten Aufstiegen" teilnehmen, bei denen die Ballons durch ein Seil mit dem Boden verbunden blieben. Der junge Draufgänger Zeppelin ließ sich diese Gelegenheit nicht entgehen. Der Ballonfahrer, den er dabei kennenlernte, war ein Deutscher namens John H. Steiner, eine schillernde Figur in der amerikanischen Ballonfahrerszene. Mit Beginn des Bürgerkriegs war Steiner in das Ballonkorps der Nordstaatenarmee eingetreten, hatte es aber wegen ausbleibender Gehaltszahlungen bald wieder verlassen. [8]

Der Aufstieg Zeppelins mit Steiner wurde später gelegentlich als Auslöser von Zeppelins Beschäftigung mit Luftschiffen interpretiert. Das war zwar nicht der Fall, aber mit militärisch-analytischem Blick erkannte der Offizier aus Europa die Möglichkeiten der Aufklärung und Artilleriebeobachtung aus der Luft. Beides wurde im amerikanischen Bürgerkrieg praktiziert. Von den Balloneinsätzen an der Front hatte er gehört und sie vermutlich auch beobachten können.

Am Tag seines Ballonaufstiegs, dem 19. August 1863, schrieb Zeppelin an seinen Vater: *"Soeben bin ich mit Prof. Steiner, dem berühmtesten Aeronauten, zu einer Höhe von 6-700 Fuß (ungefähr 200 Meter d. Verf.) aufgestiegen. Das Terrain ist außerordentlich geeignet, um den Wert der militärischen Rekognoszierung mittels des Ballons darzutun. (…) Kein Turm, keine Höhe ist hoch genug um die Verteilung der Truppen des Verteidigers auf dem sanften, offenen Hange hinter seiner Gefechtslinie zu zeigen. Aus der hohen Stellung des Ballons war sie vollständig zu überblicken. Wollte man die auf jenem Hange aufgestellten Reserven mittels Artilleriefeuer beunruhigen, so könnte der Batterie durch Zeichen telegraphiert werden, wie ihre Geschosse fallen. Letzteres ist bei den hiesigen Armeen zuweilen mit großem Erfolge geschehen."* [9]

Auch über die Unzulänglichkeit des Kugelballons für gefesselte Aufstiege diskutierten Zeppelin und der Ballonfahrer, dachte doch Steiner damals über einen länglich geformten, im Winde stehenden Ballon nach, der über Dämpfungsflächen stabilisiert werden sollte. Die Idee war nicht neu. Sie stammte aus Frankreich, war dort in den 1840er Jahren diskutiert worden und wurde später von Charles

Renard und Alphonse Pénaud weiterentwickelt. In den 1890er Jahren perfektionierten in Deutschland Hans Bartsch von Sigsfeld und August von Parseval diesen so genannten Drachenballon. 1897 wurde er vom Preußischen Kriegsministerium als Standardballon eingeführt.[10]

Nachdem Zeppelin gemeinsam mit zwei Russen und zwei Indianern eine leichtsinnige, kaum vorbereitete Abenteuertour zu den Quellen des Mississippi mit viel Glück überlebt hatte, reiste er nach Washington zurück und anschließend nach New York. Dort besichtigte er die 1854 in England gebaute „Great Eastern", eine Kombination aus Segel-, Propeller- und Schaufelradschiff, mit einem 211 Meter langen Rumpf aus Stahl, zehn Dampfkesseln und sechs Masten.[11] Das als Weltwunder des Schiffbaus geltende Monstrum hätte mit 4000 Passagieren die Welt umrunden können. Diese Möglichkeit blieb wegen fehlender Nachfrage ungenutzt. Doch für das Schiff wurde eine andere bedeutende Aufgabe gefunden: 1865 begann die Verlegung des ersten transatlantischen Telegrafenkabels. Die „Great Eastern" war das einzige Schiff, das in der Lage war, die tonnenschweren Kabel auf dem Meeresgrund zu verlegen.

Als harmloser Bummler durchstreifte ich unsere Kampfplätze unter erhebenden und wehmütigen Erinnerungen. Noch steht so manches Haus zerschossen, wie wir es verlassen, und natürlich entbehren die so schönen Hänge des Marnethales ihres einst so herrlichen Schmuckes, der Bäume. Vor einem einzigen der deutschen Gräber lag noch ein halbvermodertes Kreuz.

Der als Besatzungsoffizier in Straßburg stationierte einstige Kriegsteilnehmer Ferdinand von Zeppelin an seinen ehemaligen Hauslehrer Robert Moser, 20. August 1873.

DER KRIEG VON 1870/71 UND DIE
Luftfahrttechnik

$\mathcal{D}$ie Belagerung von Paris im deutsch-französischen Krieg von 1870/71 ist auch luftfahrtgeschichtlich von Bedeutung. Die Kommunikation der belagerten Stadt mit den nicht besetzten Landesteilen hielten die Pariser mit Ballonen und Brieftauben aufrecht. Dieser bemerkenswerten Leistung zollte einige Jahre später auch der Generalpostdirektor des Deutschen Reiches, Heinrich von Stephan, seinen Respekt: *„Im Ganzen sind durch die von dem General-Postdirektor Rampont mit großem Geschick und unermüdlicher Energie organisierte Pariser Ballonpost während der Belagerung 91 Passagiere, 363 Tauben und 2.500.000 Briefe im Gewicht von 10.000 Kilogramm befördert worden; meist wurden auch mikroskopisch autographierte Journale befördert. Die Photomikroskopie leistete schätzenswerte Dienste für die Beförderung der Briefe mittelst Tauben nach Paris."* [12] Auch Passagiere evakuierten die Ballonfahrer aus Paris, so beispielsweise Léon Gambetta, den Chef der provisorischen republikanischen Regierung.

Die meisten Ballone aus Paris erreichten zwar das unbesetzte Gebiet. Dennoch waren die Risiken groß. In einem Fall ging eine Ballonbesatzung über dem Meer verschollen. Der grundlegende Nachteil des Ballonseinsatzes bestand darin, dass es keine Rückkehr gab: Ballon und Mannschaft konnten sozusagen nur eine einfache Fahrkarte lösen. Weil das Einwegesystem Material und Mannschaften strapazierte, wurde der Schiffsbauingenieur Henri Dupuy de Lôme vom französischen Kriegsministerium mit dem Bau eines lenkbaren Luftschiffes beauftragt. Er hatte 1859 die „Gloire", das erste hochseefähige Panzerschiff der Welt, konstruiert und genoss den Ruf, schwierige Aufgaben lösen zu können. Doch das Ergebnis rief heftige Kritik hervor: Dupuy de Lôme hatte auf die Muskelkraft von acht Matrosen gesetzt. Sie drehten eine Kurbelwelle, die auf einen sehr großen Propeller wirkte. Beim ersten und einzigen Aufstieg erwies sich die menschliche Antriebsquelle als viel zu schwach, das Projekt wurde aufgegeben.[13] Immerhin: zum ersten Mal in der Luftfahrtgeschichte hatte ein Staat den Auftrag gegeben, ein lenkbares Luftschiff für militärische Zwecke zu entwickeln.[14] Ein zweiter Auftrag, der von Renard und Krebs im Jahr 1884 realisierte Bau der „La France", fiel erfolgreicher aus und erregte europaweites Aufsehen. Danach unterbreitete Graf Zeppelin, damals württembergischer Militärattaché in Berlin, seinem König eine Denkschrift über die *„Notwendigkeit der Lenkballone"* für militärische Zwecke.

Der Neffe an Bord: Graf Ferdinand von Zeppelin junior, Sohn des Bruders Eberhard, in der Gondel eines der späteren Luftschiffe. Auch er arbeitete als Ingenieur im Luftschiffbau am Werk seines Onkels mit.

„WELTPOST UND *Luftschiffahrt*"

Am 24. Januar 1874 hielt Heinrich von Stephan, Generalpostdirektor des noch jungen Deutschen Reiches, vor dem „Wissenschaftlichen Verein zu Berlin" einen Vortrag, dessen spätere Lektüre Graf Zeppelin inspirierend fand.[15] Heinrich von Stephan war ein weitblickender Kopf: Er hatte die Postkarte als billiges Kommunikationsmittel eingeführt und während des Krieges 1870/71 das Feldpostwesen organisiert. Seine herausragende Leistung bestand in der Initiative zur Gründung des „Allgemeinen Postvereins", der 1874 gegründet wurde. Der aus ihm hervorgegangene „Weltpostverein" war eine der frühesten internationalen Organisationen. Zeppelin selbst betonte später immer die Bedeutung dieser Schrift für seine eigenen Überlegungen:

> „*In seinem Vortrag über ‚Weltpost und Luftschiffahrt', welcher mir im Jahre 1874 die erste Anregung zum Nachdenken über ein Flugschiff gab, sagte schon damals der Reichspostminister Dr. Stephan: ‚So viel dürfte feststehen, daß, wenigstens von den bisher bekannten neueren Erfindungen, keine so sehr, wie die Luftschiffahrt zu einer Vervollkommnung der Kommunikation der Erdbewohner sich als geeignet erweisen wird.'*"[16]

In seinem Vortrag hatte Heinrich von Stephan den Rückstand Deutschlands gegenüber Frankreich beklagt. Dort sei die Luftfahrttechnik, der auch eine militärische Bedeutung zukomme, schon seit 1868 großzügig staatlich gefördert worden. Als zentrale Frage einer zukünftigen Luftfahrt identifizierte er die „*Erfindung einer hinreichend starken Kraftmaschine von möglichst geringem Gewicht und Feuerungefährlichkeit*".[17] Der Nicht-Aviatiker Stephan benannte weitsichtig die entscheidenden technischen Herausforderungen, auf die es ankommen würde, sollte die „*Kraftmaschine*" erfolgreich sein: funktionale Steuerungselemente, geeignete Propellerformen und die Entwicklung eines leichten und gasdichten Firnisses für die Hülle eines Luftschiffs.

Als Graf Zeppelin 1891 begann, sein Luftschiffprojekt voranzutreiben, lehnte er sich eng an diese richtungsweisende Vorarbeit des Generalpotsdirektors an. Wahrscheinlich als direkte Folge der Lektüre von „Weltpost und Luftschiffahrt" hatte er am 25. März 1874 erste „*Gedanken über ein Luftschiff*" in seinem Tagebuch festgehalten und eine Skizze dazu gefertigt. Schon damals dachte Zeppelin in den

Dimensionen eines „großen Schiffes": 20.000 Kubikmeter sollte das Volumen betragen. Ein „fliegendes Schiff" war es in seiner Vorstellung im wahrsten Sinne des Wortes: mit Schiffsrumpf, Flaggen vorne und hinten, Galionsfigur am Bug, mit einem rätselhaften Antrieb tief im Rumpf, gekrönt von einem Steuerhaus auf dem Oberdeck. Das Gefährt sollte von Wasserflächen aus starten und landen, wie es bei den ersten Zeppelin-Luftschiffen dann ab 1900 tatsächlich praktiziert wurde.

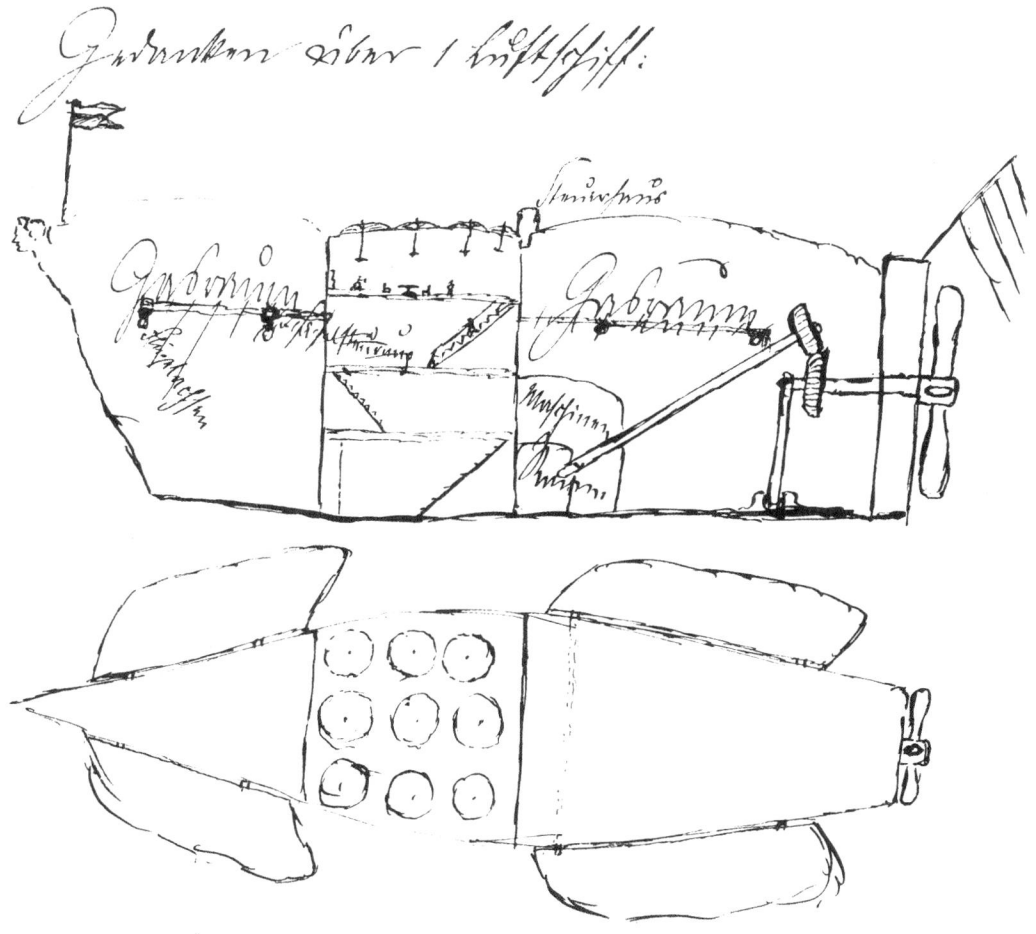

Die wenigen Luftschiffe, die bis 1874 realisiert worden waren, basierten auf der Grundvorstellung eines länglichen Prallballons mit darunter aufgehängter Gondel für Schiffsführung, Nutzräume und Antrieb. Zeppelin integrierte in seiner Skizze alle Komponenten in einen großen Schiffsrumpf und schlug vor, die Gasräume zur Aufnahme des Traggases wiederum in einzelne Zellen zu teilen, „*welche einzeln gefüllt und geleert werden können*".[18] Vergleichbare Lösungen gab es auf dem

Erste Skizze zum Bau eines Luftschiffs aus Graf Zeppelins Tagebucheintrag vom 25. März 1874.

Selbst zur Werbung für Schaumwein, hier die Marke Burgeff-Sekt, musste das berühmte Luftschiff herhalten.

Papier schon vorher. Besonders nahe an Zeppelins Idee war der Vorschlag des Elsässers Spiess. Dieser entwarf 1873 eine Plattfischform mit einem Gerippe aus Bambus oder Aluminium, die von einer Außenhülle umschlossen und von sechs um die Hochachse angeordneten Kugelballons getragen werden sollte.

Bemerkenswert an Zeppelins Skizze ist, dass er bereits eine Kombination von statischem und dynamischem Auftrieb andachte. Er wollte die Gasräume so berechnen, *„daß das Fahrzeug bis auf ein geringes Übergewicht getragen wird. Die Erhebung wird dann erreicht durch das Angehen der Maschine, welche das Fahrzeug gewissermaßen auf die aufwärts gestellten Flügel treibt. In der gewollten Höhe angelangt, werden die Flügel weniger steil gestellt, so daß das Luftschiff in der horizontalen Ebene bleibt. Zum Sinken stellt man die Flügel noch weniger steil, oder lässt die Geschwindigkeit abnehmen."* [19]

Der nicht definierte Antrieb steht in einem „Maschinenraum" ganz unten im Schiff und überträgt seine Kraft auf eine schräg ansteigende Welle, die über ein Kegelradgetriebe in die Horizontale und auf einen großen vierblättrigen Propeller am Heck umgelenkt wird. Diese Propelleranordnung direkt am Rumpf war 1874 für ein Luftschiff sehr ungewöhnlich, aber für ein vollständig von einem Medium umströmtes Fahrzeug richtig. Zeppelins Skizze trägt durch den großen Propeller Züge eines Unterwasserschiffs. In Amerika hatte er elf Jahre zuvor von den geheimnisumwitterten Tauchbooten gehört, die von den Marinen der Nord- und der Südstaaten zum Einsatz gebracht worden waren, um Blockadeschiffe zu bekämpfen.[20]

Während seines Aufstiegs über St. Paul hatte er von Ballonfahrer Steiner eine abenteuerlich angereicherte Geschichte von einem solchen Fahrzeug gehört. Noch am selben Tag hatte er seinem Vater brieflich davon berichtet: Er beschrieb das Schiff als Hohlkörper, der durch eine Schraube am Heck angetrieben werde. Der *„Bohrer"* am Bug sei ein so genannter Spierentorpedo, eine lange Stange mit Widerhaken und einer Sprengmine an der Spitze.[21] Mit solchen, durch die Muskelkraft ihrer Besatzungen angetriebenen Tauchbooten, waren tatsächlich einige selbstmörderische Unterwasserangriffe gegen Schiffe gefahren worden.

DIE "LA FRANCE" – FRANKREICHS
Durchbruch

❦

Das berühmteste Luftschiff des 19. Jahrhunderts war die 1884 gebaute „La France". Die französischen Offiziere Charles Renard und Arthur Krebs hatten das rund 50 Meter lange Langgondel-Prallluftschiff im Auftrag des Staats konstruiert und gebaut. Noch im Jahr zuvor war das mit einem Elektromotor ausgerüstete Luftschiff der Brüder Tissandier an der zu geringen Antriebskraft gescheitert. Den Elektromotor der „La France" hatte der Belgier Théophile Gramme geliefert. Er war der erste Großindustrielle der Elektrotechnik. Dieser Motor hatte mit einer Leistung von 8,8 PS (= 6,47 kW) einen spürbaren Fortschritt gegenüber früheren Antrieben gebracht. Seine Kraft übertrug der Motor auf einen beeindruckenden Propeller, der von Spitze zu Spitze sieben Meter maß. Die „La France" erreichte eine Höchstgeschwindigkeit von 32 Kilometern pro Stunde. Zwischen dem 9. Au-

Das erste lenkbare Luftschiff, die 1884 gebaute französische „La France".

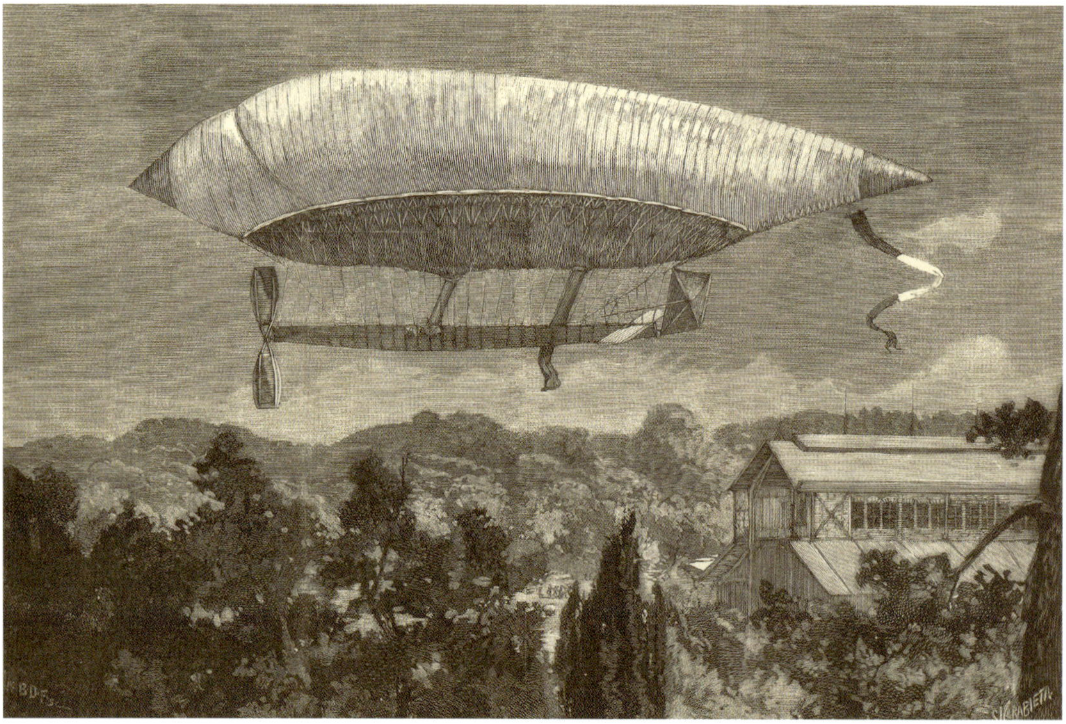

gust 1884 und dem 23. September 1885 machte das Schiff sieben Fahrten, fünfmal gelang die Rückkehr zum Ausgangspunkt. Damit war ein Durchbruch gelungen: Zum ersten Mal hatte ein Luftfahrzeug als einigermaßen „lenkbar" bezeichnet werden können. Doch die „La France" war zu klein, um wirklich leistungsfähig zu sein. Auch der Elektroantrieb erwies sich als Sackgasse. Der Motor wog zwar nur 96 Kilogramm, bezog seine Energie aber aus Batterien, die nicht weniger als 435 Kilogramm auf die Waage brachten.[22]

Graf Zeppelin scheint sich nach der Skizze von 1874 zunächst nur noch sporadisch mit Luftschiffen befasst zu haben – jedenfalls legen die wenigen bekannten Gedankensplitter aus seinem Tagebuch dies nahe. Am 29. November 1877 ist es eine *„Skizze von Vortriebs- und horizontal liegenden Auftriebsschrauben"* [23] und am 8. Januar 1884, einige Monate vor der Erstfahrt der „La France", der Vermerk, dass er jetzt einem *„tropfenförmigen Luftschiff"* [24] den Vorzug geben würde. Die Eintragungen belegen zumindest, dass Zeppelins Gedanken immer wieder zu diesem Themenkomplex zurückkehrten. Dass das Luftschiff aber nicht wie später im Mittelpunkt all seiner Überlegungen stand, wird auch daran deutlich, dass von Graf Zeppelin keine Reaktionen auf die Gründung des „Vereins zur Förderung der Luftschiffahrt" 1881 oder die Einrichtung des „Preußischen Luftschiffer-Bataillons" 1884 bekannt geworden sind.[25]

Völlig anders war es mit den Fahrten der „La France": Ferdinand von Zeppelin, ein überzeugter Anhänger des neuen deutschen Nationalstaats, befürchtete, dass die drohende französische Dominanz in der Luft, schwerwiegende militärische Nachteile für Deutschland bedeuten würde. Diese Auffassung veranlasste ihn zu dramatischen Appellen an seine Vorgesetzten und seinen König. Einige Zeit nach den Fahrten der „La France" notierte Ferdinand von Zeppelin 1886 erstmals auch konkrete militärische Überlegungen zur Luftschiffahrt in sein Tagebuch. Damals machte er sich Gedanken über die Verbindung mit den überseeischen Kolonien und zur Versorgung von Truppen mit Luftschiffen.[26] In diesem Jahr scheint ihm die Idee zur Teilung des Luftschiffes in Zug- und Transporteinheiten gekommen zu sein. Sie fand ihren Niederschlag in dem Patent über den „lenkbaren Luftfahrzeug", das ihm 1898 schließlich rückwirkend erteilt wurde. 1886 aber hatte er noch nicht das Bild eines fliegenden Eisenbahnzugs vor Augen, sondern das der Schleppschiffe, die seit der ersten Hälfte des 19. Jahrhunderts zum Ziehen von Lastkähnen auf Flüssen gebräuchlich waren.[27]

Der Traum vom Fliegen brachte um die Mitte des 19. Jahrhunderts zukunftsweisende, aber auch zahlreiche skurrile Fluggeräte hervor.

EIN FRÜHRENTNER PLANT EIN
Riesenluftschiff

1890 schied Graf Zeppelin unfreiwillig aus dem Militärdienst aus. Die Umstände empfand er als ungerecht und demütigend. Zum Glück lag das Projekt zum Bau eines Riesenluftschiffs, das der Luftfahrt eine neue Dimension eröffnen sollte, schon in seiner Schublade. Mit großer Energie stürzte sich der Gedemütigte auf das Projekt. Um die erlittene Kränkung zu kompensieren, mussten die Aufgaben nicht nur technisch und organisatorisch bedeutsam sein. Der durchaus stolze Graf wollte nun eine patriotische Aufgabe ersten Ranges angehen. Ihr Gelingen sollte als Nebenwirkung seinen früheren militärischen Vorgesetzten in Preußen zeigen, was er wert und wozu er fähig war.

Der 52jährige Ferdinand von Zeppelin 1890 in Berlin.

Ein wesentlicher Teil seiner selbstgewählten Aufgabe bestand aus intensiver Schreibarbeit: Briefe an mögliche Unterstützer und Gegner mussten entworfen, Denkschriften verfasst und Vorträge ausgearbeitet werden. Direkt nach seiner Entlassung hatte Zeppelin mit der Arbeit begonnen und auch seinen König gebeten, bei Kaiser Wilhelm II. ein gutes Wort für das Projekt einzulegen. Am 29. Juni 1891 schrieb Zeppelin dem damaligen Chef des Generalstabs, General Alfred von Schlieffen: Er kündigte an, dass er seine früheren Luftschiffpläne wieder aufnehmen werde.[28] Als technischer Laie, wie er sich selbst bezeichnete, machte er sich Gedanken über Propellerformen, die Gestaltung des Gerippes, geeignete Motoren und die Materialien für Hüllen und Gaszellen. Von der Richtigkeit seiner Ideen überzeugt, stritt er sich mit wachsendem Selbstbewusstsein mit den wissenschaftlich-technischen Kapazitäten seiner Zeit. Er schrieb ebenso vom Transport von Fracht und Reisenden in an das *„Maschinenfahrzeug anzuhängenden Fahrzeugen"* [29], wie von der besonderen Bedeutung seiner Luftschiffe für die

Graf Zeppelins Arbeitszimmer im Hotel „Deutsches Haus" in Friedrichshafen. Manchmal ließen Zimmerkellner neugierige Gäste gegen gutes Trinkgeld einen Blick in das Zimmer werfen.

Seekriegsführung. Allerdings blieb die finanzielle Unterstützung der Militärbehörden weit hinter seinen Erwartungen zurück. Im November 1891 vertraute er seinem Tagebuch an: *„Aber, was soll ich jetzt tun? Auf bessere Zeiten warten? Wann kommen diese? Werde ich dann noch die Frische und Begeisterung haben, die zur mutigen Durchführung meines Werkes gehört?"* [30]

Um seine Pläne voranzutreiben, begann Zeppelin damit technisch kluge Köpfe um sich zu versammeln. Der Unternehmer Gottlieb Daimler empfahl ihm den Ingenieur Theodor Groß, von dem er sich jedoch bald wieder trennte. Im März 1892 entschied sich Zeppelin zur Anstellung von Theodor Kober als Projektingenieur. Auf Zeppelins Bitte wurde Hauptmann Rudolf von Tschudi, der Kommandeur des Preußischen Luftschiffer-Bataillons in Berlin, mit der fachlichen Prüfung des Luftschiffprojektes beauftragt. Eine erste Patentanmeldung Graf Zeppelins wurde am 23. Juni 1891 eingereicht, aber wieder zurückgezogen.

Kober kam zu Zeppelin von August Riedinger. Dieser hatte im Herbst 1889 in Augsburg eine Versuchswerkstatt für Aviatik eingerichtet, zu der auch die beiden Offiziere Hans Bartsch von Sigsfeld und August von Parseval gestoßen waren. Die drei befassten sich mit Aeroplanen in verschiedenen Auslegungen, die anhand von unbemannten Versuchsmodellen erprobt werden sollten. Das größte Modell hatte eine Spannweite von sechs Metern, wog 60 Kilogramm und hatte zwei durch komprimierten Wasserstoff angetriebene Luftschrauben.[31]

Riedinger, der 1897 die später renommierte Augsburger Ballonfabrik gründete, war Anfang der 1890er Jahre noch ein Verfechter des flächengetragenen Flugzeugs. Er riet Graf Zeppelin entschieden vom Bau eines gasgetragenen Luftschiffs ab. Bei Zeppelin zeigte diese Ablehnung vorübergehend Wirkung, denn am 14. Juli 1891 schrieb er in sein Tagebuch: *„Betrübt ziehe ich von dem netten Essen mit den Herren heim, nur darauf bedacht, Schlieffen, von Tschudi und dem Patentamt abzuschreiben."* [32] Doch schnell änderte Zeppelin seine Meinung wieder. Er sah Einsatzmöglichkeiten für Flugzeuge und Luftschiffe, wobei seine Charakterisierung der beiden Systeme für die nächsten vierzig Jahre Gültigkeit behalten sollte: *„Angenommen, der Riedinger'sche Flugapparat komme wirklich bald zustande, so glaube ich doch, daß neben einem solchen für ein Luftfahrzeug, mit welchem weniger kühne oder weniger gewandte Menschen auch befördert werden können, mindestens noch eine längere Zeit hindurch Aufgaben genug sich finden werden, denen jener nicht zu entsprechen vermöchte."* [33]

Geduldig erträgt der „Beherrscher der Lüfte" die Bewunderung einiger elegant gekleideter Damen. Um 1910.

Schon lange schreibe ich in den Nächten fort, bis mein Kopf ganz blöde wird und das ist dann kein Zustand, in dem ich Dir noch schreiben möchte.

Der überaus beschäftigte Luftschiffer an seinen väterlichen Freund Robert Moser, Januar 1904.

DER
zweite Mann:
THEODOR KOBER

&

Theodor Kober arbeitete ab dem 1. Mai 1892 als Projektingenieur für Graf Zeppelin. Er sollte einen Bericht erarbeiten, den wir heute als Machbarkeitsstudie bezeichnen würden. Zeppelin hatte mit Kober einen Zweijahresvertrag geschlossen, 1894 erschien das Ergebnis der Zusammenarbeit: die Schrift *„Lenkbares Luftschiff nach den Angaben seiner Excellenz General Graf von Zeppelin, Stuttgart, entworfen und berechnet von Th. Kober, Ingenieur, Stuttgart".*[34] Zeppelin nannte seinen Mitarbeiter Kober als Mitautor, ein Zeichen dafür, wie sehr er dessen fachliche Leistung anerkannte. Tatsächlich gab es für die meisten der zu lösenden technischen Probleme keinerlei Grundlagenforschung. Kober leistete in vielerlei Hinsicht Pionierarbeit. So unternahm er umfangreiche Versuche zum Wirkungsgrad von Luftschrauben, zur Kühlerwirkung, zu den Eigenschaften des neuen Werkstoffs Aluminium sowie zu geeigneten Hüllen und Gaszellen für die Luftschiffe.

Mannschaften und Ingenieure arbeiten vor dem ersten Aufstieg im Sommer 1900 an LZ 1. Im Hintergrund die Schwimmhalle.

Die nationale Tönung des Vorhabens ist unverkennbar: Das „Deutschland" genannte Luftschiff war als Antwort auf die „La France" konzipiert. Das Schiff sollte aus einem eindrucksvollen „Maschinenfahrzeug" und mehreren „Anhängern" bestehen, die zylindrischen Gerippe aus Röhren, Querringen und Drahtseilen aufgebaut sein. Für die einzelnen Gaszellen waren acht Meter lange Kammern vorgesehen, begrenzt durch die in diesem Abstand aufgereihten Querringe. Dieser recht große Ringabstand fand sich auch beim LZ 1 im Jahre 1900, erwies sich aber angesichts der zu wenig steifen Flachträger als viel zu lang. Auch die von Kober ersonnenen Steuerorgane sind noch bei LZ 1 zu sehen: für die Seitensteuerung ein Ruder jeweils ober- und unterhalb des Bugs und für die Höhensteuerung ein bewegliches Laufgewicht unter dem Schiffskörper.

Graf Zeppelin am Seeufer, um 1910.

Wie von Graf Zeppelin schon in seiner ersten Luftschiffskizze von 1874 beschrieben, wurde die Bedeutung des dynamischen Fahrens bei zu leichtem oder zu schwerem Schiff ausdrücklich hervorgehoben. Als Antrieb waren zwei Daimler-Motoren mit einer Leistung von zusammen 20 PS (14,71 kW) vorgesehen. Jeder der Motoren sollte ein Paar so genannter vierflügeliger „Schraubenräder" seitlich am Körper des Maschinenfahrzeugs antreiben. Als Baumaterial für das Gerippe wurde von Anfang an Aluminium ins Auge gefasst und Kober machte damit an der Materialprüfungsanstalt der Königlichen Technischen Hochschule in Stuttgart zahllose Versuchsreihen. Dabei verglich er die Eigenschaften von Aluminium und dessen Legierungen in gegossenem, geschmiedetem, gezogenem und gewalztem Zustand. An Probestücken wurden Festigkeitsversuche unternommen.[35]

Interessant ist die damals noch verfolgte Aufteilung des Luftschiffs in ein ziehendes Maschinenfahrzeug und mehrere Anhänger. Es war vorgesehen, in einem ersten Schritt zuerst das Maschinen- oder Zugfahrzeug alleine zu erproben. Dieses sollte vorne einen halbkugelförmigen Bug und hinten einen geraden Abschluss bekommen, um das Ankuppeln weiterer, antriebsloser Fahrzeuge zu ermöglichen. Nach Anbau einer ebenfalls halbkugelförmigen Heckkappe sollte das Maschinenfahrzeug auch dauerhaft als Einzelfahrzeug gefahren werden können.

Im Sommer 1893 verbrachte Graf Zeppelin gemeinsam mit Theodor Kober einige Wochen auf seinem oberhalb von Konstanz auf Schweizer Seite gelegenen Schloss Girsberg. Das Luftschiffprojekt steckte in einer schweren Krise: Kobers Berechnungen hatten immer und immer wieder ergeben, dass sich das Luftschiff nicht in die Luft würde erheben können. Die zentrale Mittelgondel, die nach Zeppelins Vorstellungen alle Lasten, also die Besatzung, die Betriebsstoffe und die beiden schweren Motoren aufnehmen sollte, war zu schwer. Sehr kräftige und damit zu schwere Längsträger wären nötig gewesen, so dass der Auftrieb des Gasvolumens nicht mehr ausgereicht hätte. Eine zündende Idee Kobers, ausgebrütet in der beschaulichen Stille des Thurgauer Landschlösschens, löste das Problem: Die Last sollte einfach auf zwei Gondeln verteilt werden, wodurch die Längsträger deutlich leichter gebaut werden konnten.[36] Das Problem, mit dem sich die beiden Sommerfrischler herumschlugen und das sie schließlich lösen konnten, verdeutlicht eine Maxime des Starrluftschiffbaus: Immer wieder müssen die Konstruktion als Ganzes und alle Komponenten auf das geringst mögliche Gewicht bei größtmöglicher Festigkeit hin optimiert werden. Zeppelin und Kober folgten dem schon damals bekannten Grundsatz: Nirgends kann eine Tonne eingespart werden, aber an tausend Stellen ein Kilogramm.

Ende 1893 waren die Berechnungen und Konstruktionszeichnungen fertig. Graf Zeppelin sandte die Schrift, die beim Mittler-Verlag Berlin in einer einzeln nummerierten Kleinauflage gedruckt worden war, als Eingabe an das Preußische Kriegsministerium. Die in anerkennende Worte verpackte Ablehnung einer technischen Kommission ließ den Bau in weite Ferne rücken. Auch die Kommission musste bei der Beurteilung einer solchen noch nie dagewesenen Eingabe Neuland betreten, *„während der Graf, vielleicht in seinem Optimismus, etwas weit vorausschaute*

Bereits vor dem ersten Aufstieg am 2. Juli 1900 war die schwimmende Halle des Luftschiffs zum Postkartenmotiv geworden. Beschriftung von Ingenieur Theodor Kober.

*(…)". *[37] Die für Zeppelin negative Entscheidung fiel nach insgesamt drei Sitzungen. Verärgert hat ihn, dass ihm keine Gelegenheit zu einer Stellungnahme gegeben worden war: *„Indem ich meine Erfindung aufgrund der Bedingung, daß ich sie vor einer Kommission würde verteidigen dürfen, dieser übergeben habe, durch die Kommission in meiner Abwesenheit verurteilt wurde, ist mir jede vorher gehabte Möglichkeit, meine Entwürfe ausführen zu lassen genommen. Wer möchte, nachdem der Makel einer abfälligen Beurteilung seitens einer solchen Kommission der Erfindung anhaftet, noch einen Heller an ihre Ausführung wagen?"* [38]

Theodor Kober ging nach dieser Niederlage nach München, um in der Firma eines Studienfreundes elektrotechnische Anlagen zu bauen. Graf Zeppelin blieb er als ehrenamtlicher technischer Berater verbunden und arbeite ab 1907 wieder als Versuchsingenieur für ihn. Trotz der Absage der technischen Kommission gab Graf Zeppelin nicht klein bei, sondern reichte ein Patent über einen *„lenkbaren Luftfahrzug mit mehreren hintereinander angeordneten Tragkörpern"* ein. Zum 31. August 1895 wurde das Patent erteilt. In der Patentschrift wurde das Wesentlichste aus der Schrift „Lenkbares Luftschiff" zusammengefasst und die grundsätzlichen Merkmale späterer Starrluftschiffe formuliert. Diese waren aber zu diesem Zeitpunkt wahrscheinlich nicht mehr patentfähig.

Dass Kaiser und König zum ersten Aufstieg kommen werden, glaube und hoffe ich nicht. Wenn sie mich fragen, so bitte ich sie allerunterthänigst wegzubleiben. Man rückt auch mit einem erst eingestellten Rekruten nicht gleich zur Parade aus.

Ein Jahr vor dem ersten Aufstieg des Luftschiffs über dem Bodensee warnt Ferdinand von Zeppelin einen Freund im Juli 1899 brieflich vor überhöhten Erwartungen.

2. JULI 1900:
DER TAG
DER
Entscheidung

Graf Zeppelin ließ sich von der Ablehnung der Kommission nicht entmutigen, vielmehr scheint sie ihn angespornt zu haben. Schon in den Monaten mit Kober hatte er sich durch den damals berühmten Schweizer Ballonfahrer Eduard Spelterini in die Praxis der Aeronautik einweisen lassen und damit die Grundlagen für seinen dritten Beruf als Luftschiffführer gelegt. Denn bekanntlich steuerte Graf Zeppelin seine Luftschiffe ab 1900 häufig selbst.[39] Nun folgte ein halsstarriges Ringen um Anerkennung und Unterstützung. Mehrfach musste Zeppelin herbe Rückschläge einstecken. Aber er konnte sich auch auf sein Netzwerk als Mitglied des württembergischen Hofadels, ehemaliger Offizier und Diplomat und besonders auf die Unterstützung durch König Wilhelm II. von Württemberg verlassen.

Der Graf versuchte Militärs, Politiker, Industrielle, Techniker, Wissenschaftler und Verbände für die Idee vom großen, gemeinsamen Luftschiff zu gewinnen und für ihn nützliche technische Entwicklungen anzuschieben oder zu beschleunigen. In Fachkreisen und in der Öffentlichkeit propagierte er den Luftschiffbau als große nationale Aufgabe. Zeppelin redete und schrieb bei jeder sich bietenden Gelegenheit über die Unverzichtbarkeit seines Luftschiffes, das Deutschland militärische Überlegenheit über Frankreich und Großbritannien sichern sollte. Die Jahre nach 1895 waren geprägt von einem Hin und Her der Meinungen. Eine Flut von Denkschriften, Appellen, Eingaben und Vorträgen überströmte die Öffentlichkeit. Im Jahr 1897 begann sich Zeppelin mit der Gründung eines Unternehmens zum Bau des ersten Luftschiffes zu befassen und sammelte mit eher bescheidenem Erfolg Geld ein. Das ererbte eigene und das ererbte Vermögen seiner Frau Isabella flossen

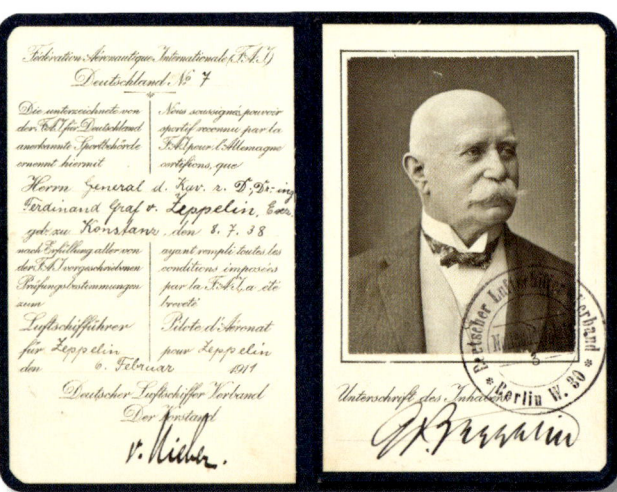

Erst 1911 erhielt Graf Zeppelin einen amtlichen Luftschiffer-Ausweis. In den ersten elf Jahren war er sozusagen „schwarz" gefahren.

in den Betrieb des Vorhabens. Das Kapital der 1898 gegründeten „*Gesellschaft zur Förderung der Luftschiffahrt*" in Höhe von 800.000 Mark musste Zeppelin zu mehr als der Hälfte selbst aufbringen.

Aber die Sache kam voran: Viele auch für die Luftfahrttechnik nutzbare Erfindungen und Verbesserungen kamen gegen Ende des 19. Jahrhunderts auf den Weg. So wurde beispielsweise die Leistungskraft der leichten Benzinmotoren deutlich gesteigert. Der führende Aluminiumfabrikant in Deutschland, Carl Berg, sah nun auch in der Luftfahrt einen Zukunftsmarkt für sein Produkt. Das von Berg finanzierte und von seinen Ingenieuren nach den Ideen von David Schwarz konstruierte Ganzmetall-Luftschiff erlitt aber im November 1897 auf dem Tempelhofer Feld Schiffbruch. Nun begann die Zusammenarbeit zwischen Zeppelin und Berg: In dessen Werk in Lüdenscheid wurden die Aluminiumteile für Zeppelins erstes Luftschiff LZ 1 gefertigt. Graf Zeppelin selbst intensivierte mit einer kleinen Anzahl eingeschworener Mitarbeiter die Grundlagenforschung und arbeitete eifrig an der Optimierung der einzelnen technischen Komponenten seines komplexen Vorhabens. Im Frühjahr 1899 wurde mit dem Bau der schwimmenden Luftschiffhalle in der Manzeller Bucht auf dem Bodensee begonnen, in der das Luftschiff schließlich montiert wurde.

Zum Aufstieg bereit: Das auf Pontons ruhende Luftschiff neben der Schwimmhalle am 2. Juli 1900.

Etwa ein Jahr später war es tatsächlich soweit – der Tag des ersten Aufstiegs war gekommen: An diesem 2. Juli 1900 übernahm der 62jährige Ferdinand von Zeppelin zusammen mit dem Privatgelehrten und erfahrenen Ballonfahrer Konrad von Bassus die Führung des Luftschiffs. Während Zeppelin Höhen- und Seitensteuerung betätigte, bediente Bassus Gasventile und Ballastzugleinen. Die Anspannung angesichts zahlloser Zaungäste am Ufer und auf Schiffen – darunter zahlreiche prominente und einflussreiche Gäste – muss unbeschreiblich gewesen sein. Ein Scheitern des ersten Aufstiegs nach fast zehnjähriger Aufbauarbeit hätte fatale Folgen gehabt, Zeppelin hätte sich reichsweit der Lächerlichkeit preisgegeben. Die Manzeller Bucht bei Friedrichshafen wurde an diesem Tag zum „Cape Canaveral" des anbrechenden neuen Jahrhunderts: Hier sollte sich jetzt vor aller Augen Luftfahrtgeschichte ereignen. Obwohl das Gefährt immer wieder auf Herz und Nieren geprüft worden war, wusste keiner der Beteiligten so genau, wie sich das 128 Meter lange Riesenluftschiff mit seinem fragilen Aluminiumgerippe in der Luft verhalten würde.

Um 18.50 Uhr bestiegen Graf Zeppelin und seine vierköpfige Besatzung nach einem kurzen Gebet das Luftschiff, das daraufhin aus der Halle geschleppt wurde. Die erste Fahrt verlief störungsfrei, sie dauerte 18 Minuten und führte bis Immenstaad. Dort wurde LZ 1 sicher auf dem Wasser gelandet. Doch bei dem Versuch, das Luftschiff zur Halle zu schleppen, trieb es gegen einen Pfahl und erlitt leichte Beschädigungen.

Der württembergische König Wilhelm II. (li.), ein wichtiger Förderer Zeppelins, während des zweiten Aufstiegs von LZ 1 im Oktober 1900 am Ufer von Manzell.

Im Nachhinein können wir feststellen: Der zukünftige Erfolg des Unternehmens bestand darin, dass an diesem Tag alles einigermaßen gut gegangen war. Aber Zeppelin begnügte sich damit nicht. Umgehend nach der Erstfahrt wurden die Erfahrungen analysiert und das Schiff durch Umbauten für den nächsten Start verbessert. Am 17. Oktober 1900 stieg LZ 1 zum zweiten Mal über dem Bodensee auf. Diese Fahrt dauerte immerhin 80 Minuten und verlief ohne Zwischenfälle. Auch der dritte Aufstieg vier Tage später bewies, dass das System grundsätzlich funktionstüchtig war. Reserviert klang dagegen das Urteil der Militärs: Sie sahen ihre hohen Erwartungen noch nicht erfüllt und hielten sich auch in den nächsten Jahren noch merklich zurück.

Ein überaus gut gelaunter Graf Zeppelin im Laufgang eines seiner Luftschiffe.

Mit der Erstfahrt von LZ 1 waren die jahrelangen theoretischen Überlegungen über die Möglichkeiten eines lenkbaren Starrluftschiffs in die Praxisphase getreten. Von da ab ging es vor allem um technische Verbesserungen und mögliche Anwendungen. Doch während der „Erfinder" des erfolgreich lenkbaren Luftschiffs, Ferdinand von Zeppelin, zum deutschen Mythos der Lüfte aufstieg, sank sein Luftfahrzeug, das zunächst ein Innovationsmotor ersten Ranges gewesen war, immer mehr zu einer Randerscheinung der Technik ab. Die Zukunft gehörte dem Flugzeug.

Seit 6. Januar bin ich gereist von Dresden nach Berlin, Eberswalde, Hannover, Hagen, Essen, Berlin, Dresden (1 ½ Tage Aufenthalt,) Berlin, Stuttgart und hierher. Morgen geht es nach Düsseldorf, Essen und Berlin und endlich wieder Dresden. Dabei fortwährend aufreibende Arbeit.

Ferdinand von Zeppelin an Robert Moser, 21. Januar 1907

Eine der berühmtesten Aufnahmen: Zeppelins Luftschiff erhebt sich in den Himmel über der Bodenseelandschaft. Drei wirkungsvoll drapierte Buben aus Manzell beobachten diesen bedeutenden Augenblick vom Seeufer aus.

Nur in den Wolken einer dünnen Idolatrie* für des kleinen Mannes Haus ist der Zeppelin ein Wunder. In der Welt der sozialen Wirklichkeit wird er eine Attrappe, ein glitzernder Irrwisch, ein fliegendes Potemkinsches Dorf.

Carl von Ossietzky, „Eckener oder Der Triumph der Betriebsamkeit", in:
„Fazit" hrg. V. Ernst Glaeser, Berlin 1929

* Bilderverehrung

IN
DANKBARER
Erinnerung

an die Enkelinnen des Luftschiffers, Isa von Brandenstein-Zeppelin
(1910 – 1997) und Alexa von Koenig-Warthausen (1911 – 1997),
die Förderinnen einer nicht verklärenden Zeppelin-Forschung.

FÖRDERER & MÄZENE

Albrecht Graf von Brandenstein-Zeppelin,
Schloss Mittelbiberach
Dr. Constantin von Brandenstein,
Burg Brandenstein
Wilderich Graf von und zu Bodman
Christoph Dauner
Christina Egli, Archiv Schloss Arenenberg
Archiv Engelsing
Freundeskreis zur Förderung des Zeppelin Museums Friedrichshafen e.V.
Fürstlich Hohenzoller'sches Archiv Sigmaringen
Gesellschaft der Freunde
des Rosgartenmuseums e.V.
Jean Pierre Isler
Museum Rosenegg Kreuzlingen
Hans Peter Jehle
Depositum Sonja Leghun, geb. Gräfin von Zeppelin
Armin Loch
Napoleonmuseum Thurgau Schloss und Park Arenenberg
Staatsarchiv des Kantons Thurgau, Frauenfeld
Stefanie Freifrau von Roeder, Gut Diersburg
Kurt und Jolanda Schmid-Andrist,
Schloss Girsberg, Kreuzlingen
Manfred Schöpflin
Leonie und Eberhard Schwarz
Stadtarchiv Konstanz
Stadt Kreuzlingen
Stiftung Seemuseum Kreuzlingen
Wehrgeschichtliches Museum Rastatt,
Dr. Alexander Jordan
Zeppelin Museum Friedrichshafen GmbH
Archiv der Luftschiffbau Zeppelin GmbH, Friedrichshafen

MITARBEITENDE

WISSENSCHAFTLICHE MITARBEIT & QUELLENRECHERCHE
Anne-Katrin Reene M. A., Wissenschaftliche Volontärin Städtische Museen Konstanz
Barbara Waibel M. A., Leiterin des Archivs der Luftschiffbau Zeppelin GmbH Friedrichshafen,
Nina Nustede, Archiv der Luftschiffbau Zeppelin GmbH
Anne-Marie Sana, Norbert Fromm, Michael Kuthe, Stadtarchiv Konstanz

FOTOGRAFIE
Exponatfotografie:
Franz-Josef Stiele-Werdermann, Konstanz
Peter Wollkopf, Rosgartenmuseum
Heutige Aufnahmen: Hella Wolff-Seybold
Scans: Ursula Benkoe, Rosgartenmuseum

TEXT-KORREKTORAT
Pfr. i. R. Hans Jürgen Stöckl
Karl-Ulrich Schaible
Anne-Katrin Reene

EINIGE NAMEN AUS DEM
Netzwerk
DER ZEPPELINS

DIE ERSTEN ZEPPELINS IN WÜRTTEMBERG:

Johann Karl von Zeppelin (1767 – 1801), Kgl. Württ. Staats- und Konferenzminister, Geh. Rat, verh. mit Catharina Freiin von Delwig (1770 – 1802) aus Livland. 1792 in den Reichsgrafenstand erhoben

Sein Bruder: **Ferdinand Ludwig von Zeppelin (1772 – 1829)**, Kgl. Württ. Außenminister u. Oberstkammerherr, verh. mit Pauline Freiin von Maucler (1785 – 1863). 1806 in den württ. Grafenstand erhoben

FERDINAND LUDWIGS UND PAULINE VON ZEPPELINS KINDER:

Mathilde (1806 – 1894), verh. mit August von Stoffregen (1795 – 1884), kaiserlich-russischer Gesandter

Friedrich (1807 – 1886), verh. mit Amélie Macaire, Konstanz (1816 – 1852)

Maria (1809 – 1884), verh. mit Maximilian von Polier (1793 – 1842)

Ferdinand Wilhelm (1811 – 1863), Obersthofmeister der Königin von Württemberg, verh. mit Anna Katharina von Planta-Reichenau, Graubünden (1821 – 1875)

Catharina (1816 – 1900), verh. mit Gonzalve Grand d'Hauteville (1812 – 1889)

Wilhelm Paul (1824 – 1910), k.u.k. Hauptmann, der kriegsblinde Onkel, verh. mit Mabella Knox (1824 – 1887), aus einem englischen Adelshaus stammend

FRIEDRICH „FRITZ" UND AMÉLIE VON ZEPPELIN SIND DIE ELTERN VON:

Eugenie „Eugle" (1836 – 1911), verh. mit Wilhelm von Gemmingen (1827 – 1920), zuletzt Richter am Oberlandesgericht Stuttgart, Mitglied der ev. Landessynode
Ihre Kinder: **Carl** (1861 – 1953), **Max** (1862 – 1924), **Amélie** (1865 – 1938)

Ferdinand „Ferdi" (1838 – 1917), der spätere Luftschiffer, verh. mit Isabella „Bella" von Wolff (1846 – 1922)
Ihre Tochter: **Helene „Hella" (1879 – 1967),** verh. mit Alexander von Brandenstein (1881 – 1949)

Ihre Kinder:
Isa (1910 – 1997), Mathilde „Alexa" (1911 – 1997), Ferdinand (1912 – 1944), Alexander (1915 – 1979), Elisabeth (1920)

Eberhard „Ebi" (1842 – 1906), verh. mit Sonja Freiin von Wolff (1840 – 1919)
Ihre Kinder:
Eberhard (1869 – 1926), Heinrich „Harro" (1870 – 1899), Erich (1873 – 1927), Ferdinand (1875 – 1937)

DIE SCHWEIZER VERWANDTEN / FAMILIE MACAIRE

Der Gründer des Konstanzer Familienzweigs:

Jacques Louis Macaire de l'Or (1740 – 1824), verh. mit Marguerite Delor (1749 – 1782)
Ihre Kinder:
David Macaire (1774 – 1845), Gaspard Macaire (1780 – 1847)

David Macaire (1774 – 1845), verh. mit Claudine Coraly d'Hogguer (Högger) aus St. Gallen (1794 – 1847)
Ihre Kinder:
Moritz „Maurice" (1815 – 1867), führte das Textilunternehmen, die Macaire-Bank und verwaltete die Vermögen mehrerer Familienmitglieder. Blieb unverheiratet. Der letzte Macaire in Konstanz

Amélie (1816 – 1852), verh. seit 1834 mit Friedrich von Zeppelin (1807 – 1886)

Henriette (1818 – 1890), verh. mit Henri de Senarclens de Vufflens (1805 – 1858)

Ihre Kinder:
Amélie, verheiratete Faesch und **Henriette,** verheiratete Necker, die große Jugendliebe von Ferdinand von Zeppelin

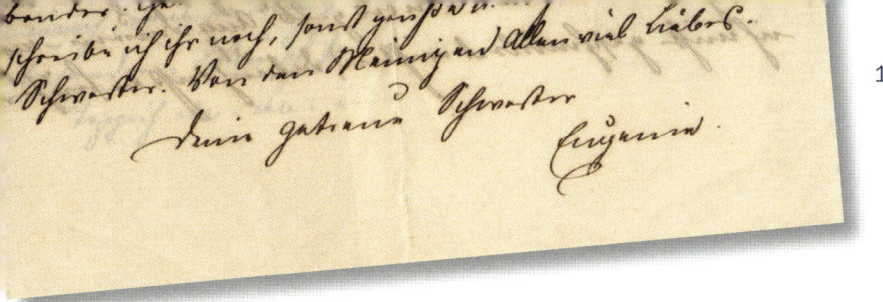

FAMILIE VON SCHERER, SCHLOSS CASTELL, THURGAU

Henriette d' Hogguer (1789 – 1845), ledig
Ihre Schwester:
Albertine von Scherer (1786 – 1866), Witwe des früh verstorbenen Philipp Adrian von Scherer de Cranclos (1783 – 1835)
Ihre Kinder:
Amélie (1810 – 1826)
Max I. (1815 – 1848), verh. mit Marie Anne Gräfin von Kanitz (1817 – 1889)
Ihre Kinder:
Helene Ernestine (1846 – 1847)
Max II. (1848 – 1901), unverheiratet und ohne Nachkommen. Der Letzte seiner Familie. Neugestalter des Schlosses Castell im Stil der Neorenaissance

In engem geschäftlichen wie privat-familiären Kontakt standen die Macaires / Zeppelins auch mit diesen Schweizer Unternehmerfamilien Familien: Högger / Hogguer, Zollikofer, Faesch, Necker, Labhard, Sulzer, Escher

Max II. von Scherer

DIE LIVLÄNDISCHE VERWANDTSCHAFT

Rudolf Gottlieb von Wolff (1809 – 1847), verh. mit Helene von Wolff (1824 – 1889)
Kinder aus dieser Ehe:
Isabella (1846 – 1922), spätere Ehefrau Ferdinand von Zeppelins
Heinrich von Wolff (1843 – 1897), seit 1875 verh. mit Marissa von Oettingen (1857 – 1883). Als Erwachsener bis zu seinem frühen Tod ist Heinrich Majoratsherr auf den livländischen Gütern der Familie

Kinder aus der 2. Ehe der Helene von Wolff mit Freiherr Woldemar von Wolff (1819 – 1901):
Arthur, Paul, Arist, Albert Emil, die im Sommer häufig an den Bodensee kommen und alle vor ihrer Stiefschwester Bella sterben

FÖRDERER UND FREUNDE DER FAMILIE ZEPPELIN-MACAIRE NACH 1800

König Friedrich I. von Württemberg (1754 – 1816), regierte 1797 – 1816

König Wilhelm I. von Württemberg (1781 – 1864), regierte 1816 – 1864, verh. in 2. Ehe mit Katharina Pawlowna (1788 – 1819), Großfürstin von Russland

König Karl von Württemberg (1823 – 1891), regierte 1864 – 1891, verh. in 2. Ehe mit Olga Nikolajewna (1822 – 1892), Großfürstin von Russland

König Wilhelm II. von Württemberg (1848 – 1921), regierte 1891 – 1918, verh. in 2. Ehe mit Charlotte zu Schaumburg-Lippe (1864 – 1946)

Stéphanie von Baden, geb. de Beauharnais (1789 – 1860), Adoptivtochter Napoleons I., verh. mit Erbprinz Karl von Baden, 1811 – 1818 Großherzogin. Als Witwe wohnte sie vorübergehend im thurgauischen Mannenbach

Hortense, geb. de Beauharnais (1783 – 1837), Stieftochter Napoleons I., verh. mit dessen Bruder Louis, König von Holland. Nach 1815 als Herzogin von Saint Leu am Bodensee, Schloss Arenenberg

Prinz Louis Napoléon Bonaparte (1808 – 1873), Sohn der Ex-Königin Hortense, 1848 Präsident der Französischen Republik, 1852 zum Kaiser der Franzosen proklamiert. Regierte als Napoleon III. bis zu seiner Absetzung 1870 während des deutsch-französischen Krieges nach der Gefangennahme bei Sedan

Baron von Chrismar, Verwaltungsbeamter des badischen Seekreises in Konstanz, mit Moritz Macaire und Fritz von Zeppelin befreundet

Marquis de Crenay und Madame de Crenay. Ehemaliger französischer Brigadegeneral. Erbauer des Schlosses Louisenberg in Mannenbach (Thurgau). Die Crenays gehörten zum engsten Freundeskreis der Zeppelins

Baron von Fingerlin. Seine ursprünglich aus Ulm/Augsburg stammende Familie war in Lyon und Arbon (CH) im Textilhandel engagiert. Eigentümer der Dompropstei Konstanz (heutiges Notariat), Jagdfreund von Fritz von Zeppelin, eifriges Mitglied der „Casinogesellschaft"

Erbprinzessin Eugenie von Hohenzollern-Hechingen, geb. de Beauharnais, Prinzessin von Leuchtenberg (1808 – 1847), als Gattin des Fürsten Konstantin letzte Fürstin von Hohenzollern-Hechingen. 1836 Patentante von Eugenie von Zeppelin (1836 – 1911)

Karl von Hohenzollern-Sigmaringen (1785 – 1853), verh. mit Antoinette Murat. Bis zur Eingliederung des Fürstentums nach Preußen 1850 regierender Fürst. Bis 1836 Dienstherr von Fritz von Zeppelin, der in Sigmaringen als Hofmarschall amtierte.

Nepomuk Katzenmayer, liberaler Gemeinderat, Kaufmann, Mitinitiator von Modernisierungsprojekten, etwa Hafenneubau, Eisenbahnprojekt, Dampfschifffahrt. Mit Moritz Macaire und Fritz von Zeppelin befreundet

General Effingham Thomas Lindsay (gest. 1848) und Mina Lindsay (gest. 1863). Ehemaliger Offizier in Diensten der englisch-ostindischen Kompanie, Eigentümer des Schlosses Hard in Ermatingen. Seine kreolische Frau war eine gerühmte Schönheit der Region. Mit den Zeppelins befreundet

Emil von Maucler (1809 – 1870), Kabinettschef des württembergischen Königs Karl. Sohn des Justizministers Eugen von Maucler. Cousin von Fritz von Zeppelin

Freiherr von Rüpplin, badischer Staatsbeamter in Konstanz, Mitglied der „Casinogesellschaft", befreundet mit Fritz von Zeppelin

Medizinalrat Johann Nepomuk Sauter (1766 – 1840), anerkannter Neuerer der Chirurgie, medizinischer Autodidakt. Langjähriger Hausarzt der Familien Macaire und Zeppelin in Konstanz

Heinrich von Stephan (1831 – 1897), führte und erweiterte als Generalpostdirektor das deutsche Postwesen. Er erfand die Postkarte und war ein Pionier der Telegrafie und des Telefonwesen. Ferdinand von Zeppelin inspirierte er durch die Schrift „Weltpost und Luftschiffahrt."

Max Stromeyer, (1830 – 1902), von 1865 bis 1877 erst Bürgermeister, dann Oberbürgermeister der Stadt Konstanz. Als liberaler Modernisierer zugleich Konkurrent und politischer Gegner der konservativen Zeppelins

Adolf von Taube (1810 – 1889), Obersthofmeister der Königin Pauline von Württemberg, kurzzeitiger Außenminister, württ. Ordenskanzler. Enger Freund von Fritz von Zeppelin

Ignaz Heinrich Freiherr von Wessenberg (1774 – 1860), Generalvikar des Bistums Konstanz, dessen letzter Bistumsverweser. Mitglied des „Bürgermuseums" Konstanz

Hofgerichtsadvokat Dr. Würth, Richter am badischen Hofgericht Konstanz. Mit Fritz von Zeppelin befreundet.

Dr. med. Eduard Vanotti (1809 – 1869), profilierter Konstanzer Republikaner, Mitinitiator diverser Vereinsgründungen, Hauptmann der Konstanzer Bürgerwehr, Teilnehmer des Heckerzugs und des Aufstands von 1849. Noch 1851 als „notorischer Anhänger der Umsturzpartei" bezeichnet. Befreundet mit Fritz von Zeppelin und Moritz Macaire

Karl Friedrich von Varnbüler von und zu Hemmingen (1809 – 1889), langjähriger leitender württembergischer Staatsminister und Außenminister. Befreundet mit Fritz von Zeppelin

Konrad von Bassus (1874 – 1928), arbeitete als Privatgelehrter auf dem Gebiet der Luftfahrttechnik und war erfahrener Ballonfahrer. Als einer der frühesten und wichtigsten Mitarbeiter Graf Zeppelins, wurde Bassus 1909 erster Vorstand der Zeppelin-Stiftung.

Theodor Kober (1865 – 1930), erster Projektingenieur Graf Zeppelins von 1892 bis 1894. Dann als Elektrotechniker in München, dort weiterhin ehrenamtlicher Berater Zeppelins. Seit 1907 wieder Versuchsingenieur bei Zeppelin, gründete Kober 1912 die sehr erfolgreiche Flugzeugbau Friedrichshafen GmbH.

Eigenhändiger Brief des Kronprinzen und späteren württembergischen Königs Wilhelm an Ferdinand von Zeppelin.

Das 1928 in Dienst gestellte Luftschiff LZ 127 „Graf Zeppelin" war 236,6 Meter lang und hatte einen Durchmesser von über 30 Metern.

Das Zeppelin-Luftschiff LZ 4 im Sommer 1908 über der Konstanzer Bucht. Auf der Hafenmole sammeln sich Neugierige.

ANMERKUNGEN TEIL 1: TOBIAS ENGELSING

1 Unpaginierte Familienchronik des Friedrich von Zeppelin, 2 Bde., Familienarchiv Brandstein-Zeppelin, Mittelbiberach
2 Brief an Amélie von Zeppelin, 25.11.1838, in: Kühn, Joachim: Napoleon III. Ein Selbstbildnis in ungedruckten und zerstreuten Briefen und Aufzeichnungen, Arenenberg 1993, S. 206 f.
3 Zeppelin, Eberhard Graf von: Artikel „Zeppelin, Johann Karl", in: Allgemeine Deutsche Biographie 45 (1900), S. 75-79; Artikel „Zeppelin, Ferdinand", ebd. S. 79-83
4 Vierhaus, Rudolf (Hg.): Das Tagebuch der Baronin Spitzemberg, geb. Freiin v. Varnbüler. Aufzeichnungen aus der Hofgesellschaft des Hohenzollernreiches (Deutsche Geschichtsquellen des 19. und 20. Jahrhunderts, Bd. 43), Göttingen 1960, Einleitung, S. 20
5 Familienchronik, Bd. 1: Salon du Roi, 1841, Familienarchiv Brandstein-Zeppelin
6 Vgl. die Briefe im Kapitel „Selbstmörder kann man ja immer noch werden", in: Engelsing, Tobias: „Geliebter Ferdi, schreibe mir sobald Du kannst!" Vertrauliche Briefe der Familie Zeppelin, Konstanz 1988, S. 88 ff. Die Originale der hier zitierten Briefe befinden sich im Familienarchiv auf Burg Brandenstein.
7 Familienchronik, Bd. 1: diverse Studienbelege, Quittungen, Notate und handschriftliche Briefe der Jahre 1815 – 1827, Familienarchiv Brandstein-Zeppelin
8 Fischer, Ludwig; Luftschiffbau Zeppelin (Hg.): Graf Zeppelin – Sein Leben – Sein Werk. Ein Zeppelin-Denkmal für das deutsche Volk, München 1929, S. 26
9 Engelsing: Geliebter Ferdi (wie Anm. 6), S. 79
10 Ebd., S. 19
11 Ebd., S. 77
12 Ebd., S. 79
13 Ebd., S. 80
14 Brief vom 24.1.1818, Archiv Schloss Arenenberg
15 Burkhardt, Martin: Konstanz im 18. Jahrhundert, in: Burkhardt, Martin; Dobras, Wolfgang; Zimmermann Wolfgang (Hgg.): Konstanz in der frühen Neuzeit (Geschichte der Stadt Konstanz, Bd. 3), Konstanz 1991, S. 373
16 Cooperaxion (Hg.): Wirtschaftswachstum dank Sklavenhandel?, Bern 2011, S. 6 f.; sowie David, Thomas u.a.: Schwarze Geschäfte, Zürich 2005, S. 62, 185 f.
17 Zit. nach Holestein, André: Globale Ökonomie in lokalen Kontexten. Die Bedeutung der Indiennes-Produktion für die Schweiz im 18. Jahrhundert, in: Cooperaxion: Sklavenhandel (wie Anm. 16), S. 13
18 Koller, Ariane: Begehrte Konfliktstoffe. Eine kurze Geschichte der Indiennes, in: Cooperaxion: Sklavenhandel (wie Anm. 16), S. 6 ff.
19 Cooperaxion: Sklavenhandel (wie Anm. 16), S. 15
20 Zur französischen Lesegesellschaft: Mitgliederliste in der Familienchronik des Fritz von Zeppelin, Familienarchiv Brandstein-Zeppelin. Zur Stadtentwicklung: Laible, Joseph: Geschichte der Stadt Konstanz, Konstanz 1896, S. 190 ff.; Seuffert, Ralf: Konstanz. 2000 Jahre Geschichte, Konstanz 2003, Kapitel 19. Jahrhundert
21 Fischer: Graf Zeppelin (wie Anm. 8), S. 26
22 Die Darstellung der Lebensläufe der Geschwister basiert auf den biografischen Vorarbeiten des Autors in: „Geliebter Ferdi, schreibe mir sobald Du kannst!" Vertrauliche Briefe der Familie Zeppelin, Konstanz 1988, sowie: Zwischen Landschloss und Fabrik. Ferdinand von Zeppelins Kindheit, in: Meighörner, Wolfgang (Hg.): Der Graf 1838 – 1917, Ausstellungskatalog Zeppelinmuseum Friedrichshafen 2000
23 Ebd., S. 27
24 Stadtrat Kreuzlingen (Hg.): Kreuzlinger Mosaik, Kreuzlingen 1991, S. 273 ff.
25 Engelsing: Geliebter Ferdi (wie Anm. 6), S. 23
26 Robert Moser, zit. nach Fischer: Graf Zeppelin (wie Anm. 8), S. 32
27 Familienchronik, Bd. 1: Handschriftliche Liste der Weihnachtsgeschenke 1849, Familienarchiv Brandstein-Zeppelin
28 Tagebücher des Grafen Friedrich von Zeppelin, Archiv Luftschiffbau Zeppelin GmbH Friedrichshafen (LZA) 3/27, zit. mit jeweiliger Datumsangabe.
29 Tagebuch März bis Mai 1845, LZA 3/27
30 Konstanzer Zeitung, 8.6.1845
31 Moser, Robert: Auch ein schwäbisches Pfarrersleben, o.O. 1876, S. 10
32 Tagebuch, 28.2.1847, LZA 3/27
33 Tagebuch, 6.7.1845, LZA 3/27
34 Moser: Pfarrersleben (wie Anm. 31), S. 31
35 Zit. nach Fischer: Graf Zeppelin (wie Anm. 8), S. 31
36 Tagebuch, 28.5.1846, LZA 3/27
37 Familienchronik, Bd. 1: Programmzettel und Annoncen der 1840er Jahre, Familienarchiv Brandstein-Zeppelin
38 Tagebuch, 13.4.1848, LZA 3/27
39 Einträge aus dem Tagebuch Januar 1848 bis September 1849, LZA 3/27; Chronik der Ereignisse bei Laible: Konstanz (wie Anm. 20), S. 220 ff.; Familienchronik, Bd. 1: Passierschein 1848/49, Familienarchiv Brandstein-Zeppelin
40 Moser: Pfarrersleben (wie Anm. 31), S. 30
41 Ebd., z.B. S. 7
42 Engelsing: Geliebter Ferdi (wie Anm. 6), S. 24 f. u. Briefkapitel, S. 102 ff.
43 Zitat wiedergegeben im Brief von Robert Moser an Großmutter Pauline von Zeppelin, 23.5.1852, in: Engelsing: Geliebter Ferdi (wie Anm. 6), S. 123
44 Ebd., S. 141

45 Familienchronik, Bd. 2: Handschriftliches Zirkular, 12.11.1853, Familienarchiv Brandstein-Zeppelin
46 Ebd.: Namenslisten, Einladungen, Veranstaltungsprogramme der 1850er Jahre
47 Ebd.: Stundenplan des Instituts Winter 1853/54
48 Brief vom 8.7.1856, in: Engelsing: Geliebter Ferdi (wie Anm. 6), S. 138
49 Ebd., S. 141
50 Die folgenden Zitate sind den Briefen im Kapitel „Brautwerbung um Eugenie" entnommen, ebd., S. 175 ff.
51 Brief vom 26.8.1865, ebd., S. 252
52 Brief an Cousine Amélie de Senarclens, 23.6.1866, ebd., S. 257 f.
53 Brief vom 6.6.1911, in: Meighörner, Wolfgang (Bearb.): Briefe des Grafen Ferdinand Zeppelin und seines Bruders Eberhard an ihren Freund Pfarrer Robert Moser aus den Jahren 1861 bis 1909, Typoskript, Friedrichshafen 1993
54 Vgl. hierzu Burchardt, Lothar: Zeppelin als Soldat, in: Meighörner (Hg.): Der Graf 1838 – 1917, S. 127 ff.
55 Poten, B.: Geschichte des Militär-Erziehungs- und Bildungswesens in den Landen deutscher Zunge, Berlin 1897, Kapitel „Das Königreich Württemberg", S. 313 ff.
56 Brief vom 20.7.1856, in: Engelsing: Geliebter Ferdi (wie Anm. 6), S. 147
57 Brief vom 31.10.1861, Konvolut diverser Papiere aus dem persönlichen Nachlass FvZ, LZA 04/184
58 Brief vom 31.10.1861 an Vater Fritz und Brief vom 12.12.1861 an Onkel Ferdinand v. Zeppelin, LZA 04/184
59 Briefe an Eugenie von Gemmingen, 16. und 23.3.1863, LZA 04/184
60 Engelsing, Tobias: Lincolns deutscher Freund. Carl Schurz: Ein Deutscher wird Innenminister der USA, in: ZEIT Geschichte, Unser Amerika, Nr. 3, Hamburg 2011, S. 60
61 Eckener, Hugo: Graf Zeppelin, Stuttgart 1938, S. 72
62 Ebd., S. 60 f.
63 Ebd., S. 57 f.
64 Meighörner, Wolfgang: Das Tagebuch der Gräfin Isabella von Zeppelin, in: Wissenschaftliches Jahrbuch Zeppelin-Museum 2000, Friedrichshafen 2000, S. 97
65 Brief Eberhard von Zeppelin, 8.9.1868, in: Engelsing: Geliebter Ferdi (wie Anm. 6), S. 267
66 Eckener, Graf Zeppelin (wie Anm. 61), S. 73
67 Wolff, Freiherr Nikolas von: Die Reichsfreiherren von Wolff in Livland 1670 – 1920, Tartu 1936, S. 170 f.
68 Wittram, Reinhard: Baltische Geschichte. Die Ostseelande Livland, Estland, Kurland 1180 – 1918. Grundzüge und Durchblicke, Darmstadt 1973
69 Brandenstein, Hella von: Lebenslauf ihrer Mutter Bella Frfr. von Wolff, Typoskript o.J., Familienarchiv Burg Brandenstein
70 Wittram: Baltische Geschichte (wie Anm. 68), S. 231. Neue Hofstellen: Zahl nach Meighörner: Tagebuch der Gräfin Isabella von Zeppelin (wie Anm. 64)
71 Tagebuch der Baronin Spitzemberg (wie Anm. 4), S. 94
72 Familienchronik, Bd. 2: Dokumente zum Krieg 1870/71, Familienarchiv Brandenstein-Zeppelin
73 Ebd.: Kriegsdokumente 1870, Brief Ferdinand an W. v. Gemmingen, 27.7.1870, Brief Eberhard an Sonja, 9.10.1870, Familienarchiv Brandstein-Zeppelin
74 Brief Ferdinand an Robert Moser, 5.6.1870, in: Meighörner: Briefe an Robert Moser (wie Anm. 53)
75 Familienchronik, Bd. 2: Denkmal Plochingen 1872, Familienarchiv Brandstein-Zeppelin
76 Ebd.: Brief Adolf v. Taube an Fritz v. Zeppelin, 6.12.1870, Familienarchiv Brandstein-Zeppelin
77 Brief an Robert Moser, 20.8.1873, in: Meighörner: Briefe an Robert Moser (wie Anm. 53)
78 Briefe Bella an Heinrich v. Wolff, 24.12.1872 / 05. 01. 1873, in: Engelsing: Geliebter Ferdi (wie Anm. 6), S. 291
79 Brief an Robert Moser, 27.11.1890, in: Meighörner: Briefe an Robert Moser (wie Anm. 53)
80 Brief Bella an Heinrich v. Wolff, 15.10.1869, in: Engelsing: Geliebter Ferdi (wie Anm. 6), S. 282
81 Tagebuch der Baronin Spitzemberg (wie Anm. 4), S. 269 f.
82 Ebd., S. 511
83 Familienchronik, Bd. 2: Entlassungsschein des königlichen Festungskommandos Hohenasperg, 20.4.1861, Familienarchiv Brandstein-Zeppelin
84 Brief an Ferdinand v. Z., 21.9.1865, in: Engelsing: Geliebter Ferdi (wie Anm. 6), S. 254 f.
85 Brief an Ferdinand v. Z., 7.7.1866, ebd., S. 259
86 Brief an Ferdinand v. Z., 17.7.1868, ebd., S. 264
87 Eberhard von Zeppelin, zit. nach Schmid, Leo: Identitätswandel durch Nutzungsänderung, in: Deutsche Kunst- und Denkmalpflege, Jahrgang 1988, Sonderdruck, München 1988, S. 133
88 Brief an Ferdinand v. Z., März 1873, Briefsammlung Familienarchiv Burg Brandenstein
89 Vgl. hierzu das Kapitel „Hotelpalast und Molkenkur" in: Engelsing, Tobias: Die Welt im Topf. Kleine Kulturgeschichte der Küche am Bodensee, Ausstellungskatalog Rosgartenmuseum Konstanz 2010 sowie Ders.: "Der Bruder im Schatten des großen Zeppelin", Beitrag zum 100. Todestag, in: Südkurier, 26. Oktober 2006

90 Brief an Ferdinand v. Z., 4.1.1877, LZA 04/183
91 Brief an Ferdinand v. Z., 10.1.1891, ebd.
92 Brief an Ferdinand v. Z., 24.1.1891, ebd.
93 Brief an Robert Moser, 9.10.1892, in: Meighörner: Briefe an Robert Moser (wie Anm. 53)
94 Meyer, Johannes: Nachruf auf Dr. Eberhard Graf v. Zeppelin, in: Schriften des Vereins für Geschichte des Bodensees (1907), S. XVI
95 Ebd., S. XVIII
96 Oellers, Jürgen: Von den unternehmerischen Anfängen bis zur Zeppelinstiftung 1893 – 1919, in: Stadt Friedrichshafen (Hg.): Zeppelin 1908 – 2008. Stiftung und Unternehmen, München 2008, S. 65
97 Zu diesem Kampf vgl.: Köster, Roman: Zwang zur Neuausrichtung des Konzerns: Zeppelin 1918 bis 1929, in: Zeppelin 1908 – 2008 (wie Anm. 96), 85 ff.
98 Nachlass Hella von Brandenstein-Zeppelin, Familienarchiv Burg Brandenstein

ANMERKUNGEN TEIL 2: JÜRGEN BLEIBLER

1 Textentwurf einer Biografie des Grafen Zeppelin, vermutlich verfasst von Major Oskar Wilcke, Archiv der Luftschiffbau Zeppelin GmbH, Friedrichshafen (im folgenden LZ-Archiv FN), ohne Inv. Nr., S. 17ff.
2 Ebd., S. 21
3 Ebd., S. 20
4 Ebd., S. 57ff.
5 Nachlass Hans von Schiller, Mappe III/1, Ferdinand Graf von Zeppelin, Nr. 1-29, Zeppelin Museum Friedrichshafen (im folgenden ZM FN), ZM 1993/7 St
6 Zum Balloneinsatz im Amerikanischen Bürgerkrieg vgl. Haydon, Frederick Stansbury: Military Ballooning during the early Civil War, Baltimore 2000
7 Nachlass Schiller (wie Anm. 5)
8 Haydon: Military Ballooning (wie Anm. 6)
9 Nachlass Schiller (wie Anm. 5)
10 Haaland, Dorothea; Knäusel, Hans G.; Schmitt, Günter; Seifert, Jürgen: Leichter als Luft. Ballone und Luftschiffe, Bonn 1997
11 Nachlass Schiller (wie Anm. 5)
12 Stephan, Heinrich von: Weltpost und Luftschiffahrt. Ein Vortrag im wissenschaftlichen Verein zu Berlin, Berlin 1874
13 Hoernes, Hermann: Lenkbare Ballons. Rückblicke und Aussichten, Leipzig 1902, S. 15ff.
14 Ballangé, Guy: 1783 – 1884: „Sich in die Luft schwingen", aber wie? Geschichte einer kulturellen Auseinandersetzung in Frankreich, in: Meighörner, Wolfgang (Hg.): Szenen einer Hassliebe. Zeppelin und Frankreich, Ausstellungskatalog Zeppelin Museum Friedrichshafen, Friedrichshafen 1998, S. 125f.
15 Stephan: Weltpost und Luftschiffahrt (wie Anm. 12)
16 Zeppelin, Ferdinand Graf von: Über die Aussicht auf Verwirklichung und den Wert der Flugschiffahrt, Vortrag vor der Deutschen Kolonialgesellschaft Berlin, 7. Januar 1901, Berlin 1901
17 Stephan: Weltpost und Luftschiffahrt (wie Anm. 12), S. 50
18 Nachlass Schiller (wie Anm. 5)
19 Ebd.
20 Publiziert wurden solche Abbildungen in Amerika als Stahlstiche in dem seit 1850 erscheinenden Harper's Magazine.
21 Abdruck des Briefes in: Italiaander, Rolf: Ferdinand von Zeppelin, Reitergeneral. Diplomat. Luftschiffpionier. Konstanz 1980, S. 29
22 Hoernes: Lenkbare Ballons (wie Anm. 13), S. 26ff.
23 Nachlass Schiller (wie Anm. 5)
24 Ebd.
25 Meyer, Henry Cord: Militarismus und Nationalismus in Graf Zeppelins Luftschiff-Idee: Eine Studie zum Thema psychologischer Kompensation, in: Meighörner, Wolfgang (Hg.): Wissenschaftliches Jahrbuch Zeppelin Museum Friedrichshafen 1998, Friedrichshafen 1998, S. 41
26 Nachlass Schiller (wie Anm. 5) und Eckener, Hugo: Graf Zeppelin, Stuttgart 1938, S. 106
27 Eckener: Graf Zeppelin (wie Anm. 26), S. 106
28 Ebd., S. 108
29 Nachlass Schiller (wie Anm. 5)
30 Ebd.
31 Schriftliche Mitteilung von Horst Haßhold, Ballonfabrik Augsburg, an den Autor vom 19. November 2007
32 Eckener: Graf Zeppelin (wie Anm. 26), S. 114
33 Ebd.
34 Lenkbares Luftschiff nach den Angaben seiner Excellenz General Graf von Zeppelin, Stuttgart, entworfen und berechnet von Th. Kober, Ingenieur, Stuttgart (Druckschrift zur Vorlage im preußischen Kriegsministerium), Berlin 1894
35 Essers, Ilse: Vom Luftschiff zum Seeflugzeug. Ein Überblick über die Anfänge der Flugtechnik, in: VDI-Nachrichten, Jg. 19, Nr. 24, 16. Juni 1965 (als Sonderdruck)
36 Maschinenschriftliche Notiz von Dr.-Ing. Ilse Essers, geb. Kober. Aachen, September 1985, Fotokopie aus dem Archiv Prof. Ulf Essers
37 Nachlass Schiller (wie Anm. 5)
38 Ebd.
39 Bleibler, Jürgen: Eduard Spelterini und Graf Zeppelin, in: Stadler, Hilar (Hg.): Eduard Spelterini und das Spektakel der Bilder, Zürich 2010, S. 114-129

Urenkel Albrecht Graf von Brandenstein-Zeppelin (re.) und Tobias Engelsing mit Graf Zeppelins Luftschiffer-Mütze im Familienarchiv auf Schloss Mittelbiberach.

QUELLEN

Zwei Familienbücher, Mitte 19. Jh., angelegt von Graf Friedrich von Zeppelin, Familienarchiv Brandenstein-Zeppelin, Schloss Mittelbiberach

Briefkonvolut der Familie Zeppelin, Nachlass Isa von Brandenstein-Zeppelin, Familienarchiv Brandenstein-Zeppelin, Burg Brandenstein

Genealogische Unterlagen, Notizbücher, Alben, vermischte Autographen der Familie Zeppelin und verwandter Familien, Familienarchive Burg Brandenstein und Schloss Mittelbiberach

Zwei Fotoalben mit Personenfotografien der Familie Zeppelin und ihres Umfelds, um 1870, Archiv Schloss Girsberg

Briefe von Ferdinand von Zeppelin und Eberhard von Zeppelin, diverse Papiere zum Geschäftsgang der Inselhotel AG Konstanz, Archiv der Luftschiffbau Zeppelin GmbH, LZA 04 / 183

Textentwurf einer Biografie des Grafen Zeppelin, vermutlich verfasst von Major Oskar Wilcke, Archiv der Luftschiffbau Zeppelin GmbH, Friedrichshafen, ohne Inv. Nr.

Nachlass Hans von Schiller, Mappe III/1, Ferdinand Graf von Zeppelin, Nr. 1-29, Zeppelin Museum Friedrichshafen, ZM 1993/7 St.

LITERATURHINWEISE

Arnold, Helmut; Schlossmann, Rolf Christian: Französischsprachige Emigranten in Konstanz zwischen 1785 und 1800, in: Hegau. Zeitschrift für Geschichte, Volkskunde und Naturgeschichte des Gebietes zwischen Rhein, Donau und Bodensee, Jahrbuch 68 (2011), S. 71

Ballangé, Guy: 1783 – 1884: Ein Jahrhundert der Pionierleistungen. Von Oberleutnant Meusnier bis zu Hauptmann Renard, in: Meighörner, Wolfgang (Hg.): Szenen einer Hassliebe. Zeppelin und Frankreich, Ausstellungskatalog Zeppelin Museum Friedrichshafen, Friedrichshafen 1998, S. 11 – 33

Ders.: „Sich in die Luft schwingen", aber wie? Geschichte einer kulturellen Auseinandersetzung in Frankreich, in: Meighörner, Wolfgang (Hg.): Szenen einer Hassliebe. Zeppelin und Frankreich, Ausstellungskatalog Zeppelin Museum Friedrichshafen, Friedrichshafen 1998, S. 123 – 129

Bleibler, Jürgen: Die ersten Jahre der deutschen Luftschiffahrt bis 1900. Eine Bastelphase?, in: Meighörner, Wolfgang (Hg.): Szenen einer Hassliebe. Zeppelin und Frankreich, Ausstellungskatalog Zeppelin Museum Friedrichshafen, Friedrichshafen 1998, S. 35 – 41

Ders.: Graf Zeppelin und Ludwig Rüb. Die Anfänge des Flugzeugbaus in: Meighörner, Wolfgang (Hg.): Der Graf 1838 – 1917, Ausstellungskatalog Zeppelin Museum, Friedrichshafen, Friedrichshafen 2000, S. 177 – 191

Ders.: Eduard Spelterini und Graf Zeppelin, in: Stadler, Hilar (Hg.): Eduard Spelterini und das Spektakeld der Bilder, Zürich 2010, S. 114 – 129

Bosch, Manfred: Bohème am Bodensee. Literarisches Leben am See von 1900 bis 1950, Lengwil 1997

Brandt, Nicole: Herosé: Ein Porträt des ältesten Industriebetriebes in Konstanz, in: Konstanzer Almanach 1998

Burchardt, Lothar: Zeppelin als Soldat. Eine neue Quelle zu einem wenig beachteten Lebensabschnitt des Grafen, in: Meighörner, Wolfgang (Hg.): Der Graf 1838 – 1917, Ausstellungskatalog Zeppelin Museum Friedrichshafen, Friedrichshafen 2000, S. 127 – 147

Burkhardt, Martin: Konstanz im 18. Jahrhundert, in: Burkhardt, Martin; Dobras, Wolfgang; Zimmermann Wolfgang: Konstanz in der frühen Neuzeit (Geschichte der Stadt Konstanz, Bd. 3), Konstanz 1991, S. 313 - 449

Clausberg, Karl: Zeppelin. Die Geschichte eines unwahrscheinlichen Erfolges, München 1979

Cooperaxion (Hg.): Textilkunst im 18. und 19. Jahrhundert. Wirtschaftswachstum dank Sklavenhandel? Textband zu einer Vortragsveranstaltung von Cooperaxion: Nachhaltige Entwicklung. Interkultureller Austausch, Bern, 3. November 2011

David, Thomas; Etemad, Bouda; Schaufelbuehl, Janick Marina: Schwarze Geschäfte. Die Beteiligung von Schweizern an Sklaverei und Sklavenhandel im 18. und 19. Jahrhundert, Zürich 2005

Eckener, Hugo: Graf Zeppelin. Sein Leben nach eigenen Aufzeichnungen und persönlichen Erinnerungen, Stuttgart 1938

Engelsing, Tobias: „Ich gehe stets meinen Weg und bin immer so fleißig wie möglich". Nahaufnahmen aus dem Lebenslauf der Künstlerin Marie Ellenrieder, in: Engelsing, Tobias; Stark, Barbara (Hg.): Einfach himmlisch! Die Malerin Marie Ellenrieder 1791 – 1863, Ausstellungskatalog Wessenberg-Galerie Konstanz 2013, S. 12 - 67

Ders. (Hg.): „Geliebter Ferdi, schreibe mir sobald Du kannst!" Vertrauliche Briefe der Familie Zeppelin, Konstanz 1988

Ders.: Die Welt im Topf. Kleine Kulturgeschichte der Küche am Bodensee, Ausstellungskatalog Rosgartenmuseum Konstanz, Konstanz 2010

Ders.: Zwischen Landschloss und Fabrik. Ferdinand von Zeppelins Kindheit, in: Meighörner, Wolfgang (Hg.): Der Graf 1838 – 1917, Ausstellungskatalog Zeppelinmuseum Friedrichshafen, Friedrichshafen 2000, S. 8 - 25

Ders.: Im Schatten des großen Bruders. Eberhard von Zeppelin, in: Südkurier, 31.10.2006

Erni, Peter; Raimann, Alfons: Die Kunstdenkmäler des Kantons Thurgau, Bd. VII, Der Bezirk Kreuzlingen I, Die Stadt Kreuzlingen, Bern 2009

Finke, Heinz; Vogel, Wolfram: Dem See nah sein. Schlösser, Burgen, Landsitze rund um den Bodensee, Konstanz 1991

Fischer, Ludwig; Luftschiffbau Zeppelin (Hg.): Graf Zeppelin – Sein Leben – Sein Werk. Ein Zeppelin-Denkmal für das deutsche Volk, München 1929

Frevert, Ute; Haupt, Heinz-Gerhard (Hg.): Der Mensch des 19. Jahrhunderts, Essen 2004

Fritz, Karl F.: Abenteuer Dampfschifffahrt auf dem Bodensee, Meersburg 1990

Gabriel Herosé AG (Hg.): 125 Jahre Gabriel Herosé 1812 – 1937, Konstanz 1937

Gestrich, Andreas; Krause, Jens-Uwe; Mitterauer, Michael: Geschichte der Familie, Stuttgart 2003

Giger, Peter; König, Erich; Surber, Margrit: Tägerwilen. Ein Thurgauer Dorf im Wandel der Zeit, Frauenfeld 1999

Gilman, Rhoda R.: Zeppelin in Minnesota. A Study in Fact and Fable, in: Minnesota History, Vol. 39, No. 7 (Fall 1965), S. 278-285

Gröber, Konrad; Merk, Alfred (Beab.): Katholisches Jahrbuch für die Stadt Konstanz 1913, Konstanz 1913

Haaland, Dorothea; Knäusel, Hans G.; Schmitt, Günter; Seifert Jürgen: Leichter als Luft. Ballone und Luftschiffe, Bonn 1997

Haydon, Frederick Stansbury: Military Ballooning during the early Civil War, Baltimore, 2000

Hermle, Siegfried: Kirchenleitung und Landessynode: Geschichte und Bedeutung der Landessynode in der württembergischen Landeskirchenverfassung im 19. und 20. Jahrhundert, Berlin 1995

Hoernes, Hermann: Lenkbare Ballons. Rückblicke und Aussichten, Leipzig 1902

Hofmann, Franz: „Mucky die Flinte im Wohnzimmer loß gegangen" – das Tagebuch der Sophie von Reischach 1835 – 1840, in: Hegau, Zeitschrift für Geschichte, Volkskunde und Naturgeschichte des Gebietes zwischen Rhein, Donau und Bodensee, Jahrbuch 66 (2009), S. 97 - 114

Hohlendahl, Peter Uwe; Lützeler, Paul Michael (Hg.): Legitimationskrisen des deutschen Adels 1200 – 1900 (Literaturwissenschaften und Sozialwissenschaften 11), Stuttgart 1979

Hugentobler, Jakob: Die Familie Bonaparte auf dem Arenenberg, hg. vom Napoleon-Museum Arenenberg, Salenstein 1974

Ders.: Geschichte von Schloss, Freisitz und Gut Wolfsberg, in: Thurgauische Beiträge zur vaterländischen Geschichte, Heft 84, Frauenfeld 1948

Hunt, Tristram: Friedrich Engels. Der Mann, der den Marxismus erfand, Berlin 2012

Im Hof, Ulrich et al.: Geschichte der Schweiz – und der Schweizer, Basel 1983

Italianer, Rolf: Ferdinand von Zeppelin. Reitergeneral. Diplomat. Luftschiffpionier, Konstanz 1980

Kludas, Arnold: Die großen Passagierschiffe der Welt, Bd. 1, Hamburg 1973

Knäusel, Hans G.: LZ 1. Der erste Zeppelin. Geschichte einer Idee 1874 – 1908, Bonn 1985

Kocka. Jürgen: Bürgertum im 19. Jahrhundert, 3 Bde., München 1988

Kommer, Björn R. (Hg.): Konstanz in alten Ansichten, Konstanzer Museumskataloge, Konstanz 1987

Köster, Roman: Zwang zur Neuausrichtung des Konzerns: Zeppelin 1918 bis 1929, in: Zeppelin 1908 – 2008. Stiftung und Unternehmen, München 2008, S. 81 – 113

Krümmer, Heinz: Die Wirtschafts- und Sozialstruktur von Konstanz in der Zeit von 1806 bis 1850 (Konstanzer Geschichts- und Rechtsquellen XIX), Sigmaringen 1973

Kummer, Eugenia: Hauswirtschaftliche Anleitungen für Küchen- und Dienstpersonal, Beilage zur „Gartenlaube", Leipzig 1888

Laible, Joseph: Geschichte der Stadt Konstanz und ihrer nächsten Umgebung, Konstanz 1896

Lüthy, Herbert: La Banque Protestante en France de la Révocation de l'Edit de Nantes à la Révolution, Paris 1959

Marmor, Johann: Geschichtliche Topographie der Stadt Konstanz und ihrer nächsten Umgebung, mit besonderer Berücksichtigung der Sitten- und Kulturgeschichte derselben, Konstanz 1860

Meighörner, Wolfgang (Bearb.): Briefe des Grafen Ferdinand Zeppelin und seines Bruders Eberhard an ihren Freund Pfarrer Robert Moser aus den Jahren 1861 bis 1909, Zeppelin Museum Friedrichshafen, Typoskript, Friedrichshafen 1993

Ders. (Bearb.): Briefe von Hella Gräfin von Brandenstein-Zeppelin an Familie Moser, Zeppelin Museum Friedrichshafen, Typoskript, Friedrichshafen 1994

Ders. (Hg.): Der Graf 1838 – 1917, Ausstellungskatalog Zeppelin Museum Friedrichshafen, Friedrichshafen 2000

Ders.: Das Tagebuch der Gräfin Isabella von Zeppelin, in: Ders. (Hg.): Wissenschaftliches Jahrbuch Zeppelin Museum Friedrichshafen 2000, Friedrichshafen 2000, S. 69

Ders.: „Mein Schatz wird jetzt ganz populär". Das Ehepaar Zeppelin im Spiegel der Tagebucheintragungen Isabella von Zeppelins, in: Ders. (Hg.): Der Graf 1838 – 1917, Ausstellungskatalog Zeppelin Museum Friedrichshafen, Friedrichshafen 2000, S. 83 – 105

Ders.: Grundlage des Erfolgs – der lenkbare Luftzug, in: Ders (Hg.): Luftschiffe, die nie gebaut wurden, Ausstellungskatalog Zeppelin Museum Friedrichshafen, Friedrichshafen 2002, S. 13 – 29

Ders. (Hg.): Zeppelins Flieger. Das Flugzeug im Zeppelin-Konzern und seinen

Nachfolgebetrieben, Ausstellungskatalog Zeppelin Museum Friedrichshafen, Friedrichshafen 2006

Meyer, Henry Cord: Militarismus und Nationalismus in Graf Zeppelins Luftschiff-Idee: Eine Studie zum Thema psychologischer Kompensation, in: Meighörner, Wolfgang (Hg.): Wissenschaftliches Jahrbuch Zeppelinmuseum Friedrichshafen 1998, Friedrichshafen 1998, S. 41

Meyer, Johannes: Die früheren Besitzer von Arenenberg, Frauenfeld 1909

Möhl, Christoph: „Von Gott mehr begnadet als alle Menschen". Graf Ferdinand von Zeppelin und die Religion, in: Meighörner, Wolfgang (Hg.): Der Graf 1838 – 1917, Ausstellungskatalog Zeppelin Museum Friedrichshafen, Friedrichshafen 2000, S. 149 – 155

Moser, Arnulf: Die französische Emigrantenkolonie in Konstanz während der Revolution 1792 – 1799 (Konstanzer Rechts- und Geschichtsquellen XXI), Sigmaringen 1975

Moser, Robert: Auch ein schwäbisches Pfarrersleben, o.O. 1876

Oellers, Jürgen: Von den unternehmerischen Anfängen bis zur Zeppelinstiftung 1893 – 1919, in: Stadt Friedrichshafen (Hg.): Zeppelin 1908 – 2008. Stiftung und Unternehmen, München 2008, S. 31 - 70

Ohne Verf.: Aus dem amerikanischen Kriegsjahre 1863. Erinnerungen des Grafen Ferdinand von Zeppelin, in: Der Greif. Cotta'sche Monatsschrift, 1. Jg. (1913/14)

Osterhammel, Jürgen: Die Verwandlung der Welt. Eine Geschichte des 19. Jahrhunderts, München 2009

Poten, B.: Geschichte des Militär-Erziehungs- und Bildungswesens in den Landen deutscher Zunge (Monumenta Germaniae Paedagogica XVIII), Berlin 1897

Reif, Heinz: Adel im 19. und 20. Jahrhundert. Enzyklopädie Deutscher Geschichte, Bd. 55, 2. erw. Aufl., München 2012

Renz, Peter: Friedrichshafen. Eine deutsche Stadt am See, Tübingen 2008

Rosenkranz, Hans: Ferdinand von Zeppelin. Die Geschichte eines abenteuerlichen Lebens, Berlin 1930

Sauer, Paul: Das württembergische Heer in der Zeit des Deutschen und des Norddeutschen Bundes. Veröffentlichungen der Kommission für geschichtliche Landeskunde in Baden-Württemberg, Reihe B, Bd. 5, Stuttgart 1958

Schmieder, Dagmar (Hg.): Pause am See. Vom Rebgut zur Reha-Klinik in Konstanz. Konstanz 1992

Schwab, Gustav: Der Bodensee nebst dem Rheinthale von St. Luziensteig bis Rheinegg. Handbuch für Reisende und Freunde der Natur, Geschichte und Poesie, Stuttgart 1827

Schwarzmüller, Theo: Zwischen Kaiser und „Führer". Generalfeldmarschall August von Mackensen. Eine politische Biographie, Paderborn 1996

Seuffert, Ralf: Konstanz. 2000 Jahre Geschichte, Konstanz 2003

Stadelmann, Carl: Die Luftschiffahrt in den Militärstaaten Europas und ihre praktische Verwendung im Kriegsfalle, Berlin 1892

Stadt Friedrichshafen (Hg.): Zeppelin 1908 – 2008. Stiftung und Unternehmen, München 2008

Stadtrat Kreuzlingen (Hg.): Kreuzlinger Mosaik, Kreuzlingen 1991

Stephan, Heinrich von: Weltpost und Luftschiffahrt. Ein Vortrag im wissenschaftlichen Verein zu Berlin 1874

Vehse, Eduard: Süddeutsche Fürstenhöfe. Bd. II: Der württembergische und der badische Hof, Karlsruhe 1921

Vereinigung Heimatmuseum Kreuzlingen (Hg.): Die Gyrsberge in Emmishofen, Beiträge zur Ortsgeschichte von Kreuzlingen, Heft IX, Kreuzlingen 1955

Dies. (Hg.): Kreuzlingen und Umgebung, Beiträge zur Ortsgeschichte von Kreuzlingen, Heft XI, Kreuzlingen 1957

Dies. (Hg.): Kreuzlinger Burgen, Beiträge zur Ortsgeschichte von Kreuzlingen, Heft XIV, Kreuzlingen 1961

Vierhaus, Rudolf (Hg.): Das Tagebuch der Baronin Spitzemberg, geb. Freiin v. Varnbüler. Aufzeichnungen aus der Hofgesellschaft des Hohenzollernreiches (Deutsche Geschichtsquellen des 19. und 20. Jahrhunderts, Bd. 43), Göttingen 1960

Waibel, Barbara: Ferdinand Graf von Zeppelin. Ein adeliger Unternehmer aus verletzter Ehre, in: Hengerer, Mark; Kuhn, Elmar, L.; Bickle, Peter (Hg.): Adel im Wandel. Oberschwaben von der frühen Neuzeit bis zur Gegenwart, Band 2, Ostfildern 2006, S. 793 – 804

Wasmannsdorff, Erich: Geschichte des Geschlechts von Zepelin (Zeppelin), Fortsetzung der Geschichte der Familie von Zepelin von L. Fromm, Schwerin 1876, Görlitz 1938

Wittram, Reinhard: Baltische Geschichte. Die Ostseelande Livland, Estland, Kurland 1180 – 1918. Grundzüge und Durchblicke, Darmstadt 1973

Wolff, Freiherr Nikolas von: Die Reichsfreiherren von Wolff in Livland 1670 – 1920, Tartu 1936

Zang, Gert (Hg.): Provinzialisierung einer Region. Zur Entstehung der bürgerlichen Gesellschaft in der Provinz, Frankfurt 1978

Zeppelin, Eberhard von: Das lenkbare Luftschiff des Grafen Ferdinand von Zeppelin, in: Schriften des Vereins für Geschichte des Bodensees und seiner Umgebung 29, Ostfildern 1900, S. 183-200

Ders.: Vom „Laufen" bzw. „An- und Auslaufens", d.h. den „Seiches" und anderen Phänomenen am Bodensee, in: Schriften des Vereins für Geschichte des Bodensees und seiner Umgebung 30, Ostfildern 1901, S. 230-240

Ders.: Nachtrag zu Kaiser Wilhelm I. am Bodensee, in: Schriften des Vereins für Geschichte des Bodensees und seiner Umgebung 32, Ostfildern 1903, S. 117-119

Zeppelin, Ferdinand von: Lenkbares Luftschiff nach den Angaben seiner Excellenz General Graf von Zeppelin, Stuttgart, entworfen und berechnet von Th. Kober, Ingenieur, Stuttgart (Druckschrift zur Vorlage im preußischen Kriegsministerium), Berlin 1894

Ders.: Über die Aussicht auf Verwirklichung und den Wert der Flugschiffahrt, Vortrag vor der Deutschen Kolonialgesellschaft Berlin, 7. Januar 1901, Berlin 1901

Ders.: Schriftstücke und Bemerkungen zur Klarlegung des wahren Wertes meiner Flugschiffe (als Manuskript gedruckt), Friedrichshafen 1902

Ders.: Erfahrungen beim Bau von Luftschiffen. Vortrag gehalten auf der 49. Hauptversammlung des Vereins deutscher Ingenieure zu Dresden am 29. Juni 1908, Berlin 1908

Ders.: Vortrag, gehalten in der Militärischen Gesellschaft zu Berlin am 13. Februar 1909, o.O., 1909

BILDNACHWEIS

Alle Reproduktions- und Verwertungsrechte liegen bei den genannten Bildgebern. Nutzungen aller Art für Print- oder elektronische Medien sind ohne ausdrückliche Genehmigung der Bildgeber nicht gestattet.

Familienarchiv Brandenstein-Zeppelin, Schloss Mittelbiberach (Vorlagen)
S. 11, 14, 22, 23, 25, 27, 33, 38, 45, 46, 47, 54, 56, 57, 58, 59, 60, 65, 66, 67, 68, 70, 74, 76, 78, 80, 88, 92, 93, 95, 101, 102, 106, 109, 110, 112, 115, 117, 118, 119, 120, 122, 123, 125, 134, 152, 169, 171, 183, 196, 198

Familienarchiv Brandenstein-Zeppelin, Burg Brandenstein (Vorlagen)
S. 24, 41, 53, 79, 82, 84, 86, 89, 91, 94, 96, 98, 99, 107, 111, 140, 141, 142, 146

Archiv Napoleonmuseum Thurgau /Schloss und Park Arenenberg (Vorlagen und Aufnahmen)
S. 10, 12, 13

Hauptstaatsarchiv Stuttgart (Vorlage und Aufnahme)
S. 69 (Sign. J 301a Nr. 228)

Fürstliches Archiv Hohenzollern-Sigmaringen (Vorlage und Aufnahme)
S. 19

Rosgartenmuseum Konstanz (Vorlagen und Aufnahmen)
S. 9, 16, 21, 30/31, 32, 35, 37, 39, 49, 52, 55, 71, 81, 84, 85, 87, 9o, 104, 110, 114, 116, 124, 128, 138, 139, 143, 182, 188, 193

Archiv Luftschiffbau Zeppelin GmbH Friedrichshafen (Vorlagen und Aufnahmen)
S. 50, 144/145, 153, 154, 161, 164, 166, 167, 168, 170, 172, 174, 175, 176, 177, 178, 187

Vorlass Sonja Leghun, geb. Gräfin von Zeppelin (Rechtewahrung an Vorlagen und Aufnahmen durch das Rosgartenmuseum Konstanz)
S. 148/149, 158/159

Archiv Kurt Schmid-Andrist, Schloss Girsberg (Vorlagen)
S. 18, 20, 40, 44, 61, 63, 74 (unten), 97, 185

Bildarchiv Stadtarchiv Konstanz (Vorlagen und Aufnahmen)
S. 36, 72, 73, 75, 77, 127

Archiv Engelsing (Vorlagen und Aufnahmen)
S. 113, 116, 126, 131, 136, 137, 150, 162, 185, 190/191

Pressefotografie Hella Wolff-Seybold, Konstanz (Aufnahmen)
S. 28, 42, 43, 132/133, 135, 141, 147, 180

DIE AUTOREN

Tobias Engelsing (1960), Dr. phil., Studium der Geschichte, Rechtswissenschaften und Politik, seit 2006 Direktor der Städtischen Museen Konstanz. Zuvor Redaktionsleiter bei einer Tageszeitung. Zahlreiche Veröffentlichungen zu historischen Themen.

Jürgen Bleibler (1960), Dipl. Bibl., Studium des Bibliothekswesens und der Kunstgeschichte, seit 1996 Leiter der Zeppelinabteilung am Zeppelin Museum in Friedrichshafen. Zahlreiche Publikationen zur Geschichte der Luftschifffahrt, des Flugzeugbaus sowie zu verkehrsgeschichtlichen Themen.

Wer immer das Fahren mit einer Flugmaschine erlernen will, wird immer den Hals gebrochen haben, bevor er seine Ausbildung erlangt hat.

Graf Zeppelin, aus seiner Denkschrift, Dezember 1895